비포 선라이즈 게임

비포 선라이즈 게임

김미정 지음

밤의서점

차례

여덟 편의 소설

비포 선라이즈 게임 11
어느 책의 생애 20
검은 가방 27
사람을 피하지 않는 개와 에어컨이 없는 가게 37
죽은 척하기 44
오하라의 하룻밤 48
그가 지운 것 54
문스트럭 83

아홉 편의 에세이

숨어드는 방 119
팔짱을 끼지는 않고 123
양파라 불러도 괜찮습니다 128
무조림과 가을의 마음 134
서로의 고단함을 지켜볼 수 있다면 141
나의 사랑하는 순간 145
평범한 삶 150
바보 같은 순간이 필요해 156
38만 원이 없어서 160

에필로그 166
추천의 말 168

여덟

편의

소설

비포 선라이즈 게임

어느 책의 생애

검은 가방

사람을 피하지 않는 개와 에어컨이 없는 가게

죽은 척하기

오하라의 하룻밤

그가 지운 것

문스트럭

비포 선라이즈 게임

"읽는 책을 보면 사람의 성향을 파악할 수 있다고요?"

그가 와인잔을 들어 입가로 가져가면서 흥미롭다는 표정을 지었다.

"일반화하긴 그렇지만, 간단한 심리테스트 같은 거예요. 예를 들어 남들이 모르는 책을 찾아 읽는 사람들은 에고가 강하다고 생각해요. 책이 자신의 정체성을 드러낸다고 생각해서 읽을 책을 신중하게 고르죠."

우리는 파리 생미셸 광장의 비스트로 메뉴판 앞에서 3년 전 처음 만났다. 12월 31일 저녁 8시를 조금 넘긴 시각이었다. 나는 코스요리를 먹을 곳을 찾느라 레스토랑 네 곳을 지나쳤는데, 그도 비슷한 사정이었던지 중간에 두 번이나 마주쳤다. 레스토랑 문 앞에 붙은 메뉴판을 연구 중인 그의 얼굴을 보자 내 입꼬리가 실룩거렸다. 내가 대뜸 말을 걸었다.

"괜찮으시면 함께 드실래요?"

한 해의 마지막 날 북적이는 레스토랑에서 혼자 온 여행객이 자리를 찾는 건 불가능에 가깝다. 그럴 바엔 둘이 들어가는 편이 낫다. 아니 솔직해지자. 경계심 많은 내가 처음 본 사람에게 허물없이 말을 건넨 이유는 다른 데 있었다. 그가 우리 준이와 너무 닮아서였다. 고양이 준이가 사람으로 환생한다면 이런 느낌이겠다 싶은 외모. 새치가 듬성듬성 난 머리칼은 준이의 회색 털을, 꽉 다문 입매는 묘하게 준이의 입술을 떠올리게 하는 구석이 있었다. 결정적으로 그의 낡은 가방 한 귀퉁이에 비죽 나와 있는 시몬 베유의 책을 보고 무장 해제되었다. 그는 조금 의외라는 표정이었지만 순순히 고개를 끄덕였다. 우리는 디너코스 B를 주문하고 음식을 기다렸다.

"몽파르나스의 IT 회사에 다니고 있어요. 목요일 저녁엔 혼자 공연을 보거나 괜찮은 식당에서 식사를 하는 것이 유일한 낙이죠."

"저는 책을 번역하는 일을 해요. 실은 아까 '지베르앤조제프'에서 그쪽을 본 것 같은데…."

"아, 맞아요. 거기서 베유의 중고책을 발견하고 신이 나서 사왔죠."

그가 가방에서 《중력과 은총》을 꺼내 보여주었다. 내색은 안 했지만 시몬 베유의 그 책은 내가 가장 사랑하는 책 목록에 들어 있었다. 와인이 반 정도 비워질 때쯤 대화는 좋아하는 책과 성향에 관한 일반론으로 흘러갔다.

"혈액형이나 mbti보다 훨씬 신선한데요. 그럼 저는 어떤 타입 같습니까?"

"요즘 읽는 책이 뭐죠?"

"그레이엄 그린의 《사랑의 종말》요."

"음, 죄송하지만 유약한 지식인 타입이네요."

내 대답에 그가 호탕하게 웃음을 터트렸다. 표정이 한결 부드러워졌다. 그날 식사는 절반씩 계산을 했고, 나중에 주문한 와인은 그가 샀다. 12월 31일 밤 11시. 새해가 한 시간 남았다. 이쯤에서 인사를 해야 하나 고민을 하고 있는데 그가 불쑥 말했다.

"유약한 지식인이 제안 하나 할까요?"

"네?"

"'비포 선라이즈' 게임 해볼래요? 오늘은 2019년 12월 31일이고 우리는 우연히 만나 식사와 즐거운 대화를 했죠. 1년 후 12월 31일에 혹시 같은 곳에 있고 오늘처럼 혼자라면 같이 식사를 하는 겁니다."

나는 그를 가만히 쳐다보았다. 아무리 봐도 준이잖아. 준이를 한 번 더 보는 것도 괜찮겠다. "그러죠." 우리는 카톡 아이디를 공유했다. 서로의 이름도 말하지 않은 터라 나는 그를 '준'이라고 저장했다.

현실은 영화와 다르다. 어쩌면 영화보다 더 예측할 수 없는 것이 현실이다.

1년 후인 2020년 12월 31일은 바이러스가 모두를 각자의 공간에 고립시켰다. 나는 그의 제안을 잊지 않았다.

아니, 실은 31일을 내심 기다리고 있었다. 하지만 그에게 연락하지 않았다. 그쪽에서도 연락이 없었다. 이불을 뒤집어쓴 채 조금 울적하게 1월 1일을 맞았다.

소리를 죽이며 지낸 2021년은 기억 속에 흐릿하게 남아 있다.

그해 12월 31일, 나는 교토 근교의 오래된 료칸에서 조식을 먹고 있었다. 카톡 알림이 울리며 미리보기 메시지가 떴다.

"철학의 길을 걷고 있는데 그쪽이 생각났어요."

나는 오렌지주스 잔을 떨어트릴 뻔했다. 그러나 나는 SNS를 하지 않으니 그가 나의 여행 계획을 알 길은 없다.

"저 지금 오하라예요."

그도 내가 교토에 있다는 소리를 듣고 얼떨떨한 듯 잠시 침묵이 흘렀다.

"오늘밤 아라시야마에서 마지막 라이트업 행사를 해요. 보러 갈래요?"

아라시야마 근처 식당에서 보글보글 끓는 나베 요리를

사이에 두고 우리는 안부를 주고받았다. 외관상 둘 다 별로 변한 데가 없어 기분이 묘했다. 우연히 동석한 저녁식사가 지난주의 기억인 것만 같았다.

"여전히 번역가로 살고 계신가요?"

"네. 일본은 휴가차?"

"회사를 그만뒀어요. 지난주 한국에 들어왔고. 연말의 북적이는 분위기가 싫어서 교토로 피신 온 셈이죠."

3년이라는 시간이 흘렀고, 그사이 나는 서울에 작은 서점을 열었다. 그러나 그에게 알리진 않았다. 매일 근무하는 가게의 존재를 알린다는 것은 언제든 누군가 나를 찾아올 수 있다는 의미다. 늘 서점을 지키고 있으므로 원하지 않는 방문객도 종종 맞이한다. 가끔은 그런 방문이 피곤하게 느껴지기도 한다. 새해를 맞이하기 전날, 이렇게 우연히 만나서 즐거우면 그걸로 족하다.

"이번엔 내가 물어볼까요? 요즘 읽는 책이 뭡니까?"

그가 짓궂은 얼굴로 웃으며 물었다.

"애거사 크리스티의 《서재의 시체》요. 추리소설 주간이에요."

"아…. 예상을 빗나간 답변인데요. 그런데 추리소설 주간은 뭐죠?"

"생각이 너무 많아서 활자가 눈에 들어오지 않는 시기거든요. 그럴 땐 추리소설을 읽는 나만의 리추얼 같은 거예요."

"생각이 많은데 뭘 또 읽어요…."

그가 너털웃음을 흘렸다.

"찾고 있거든요. 책을 읽는 것이 찾는 행위라서 멈출 수가 없어요."

"뭘 찾아요?"

"불안을 벗어나서 행복해지는 길을."

대답을 해놓고 나니 머쓱해졌다. 내 치부를 들킨 기분이었다. 그는 아무 말 없이 국자를 들어 작은 사발에 나베를 덜어 내게 건넸다.

"1년 전 이맘때 제가 엉망진창이었는데요. 사귀던 사람이 갑자기 내게 정이 떨어졌다며 떠났습니다. 제가 주변을 돌볼 줄 모르는 이기적인 사람이라고 질려버렸다고 하더군요. 그 일로 꽤나 충격을 받아서 제 인생에서 처음으로 나락으로 떨어진 기분이었습니다."

"어떻게 벗어났어요? 지금은 괜찮은가요?"

"네, 1년 전 일이니까요. 어느 날 여자친구 물건을 정리하던 중에 그녀가 두고 간 책을 읽었어요. 평소의 저라면 읽지 않는 에세이였죠. 정확한 문장은 생각이 안 나는데 거기 이런 내용이 있었습니다. '자기 손금에 신경을 쓰는 사람은 불행할 수밖에 없다. 손금에 연연해하는 걸 졸업해야 한다.'● 지금 내 안의 결핍을 들여다보며 행복을 좇아가는 한 영영 행복할 수 없는 게 아닌가라는 생각을 했죠. 그 뒤로 조금 편안해졌어요. 갑자기 왜 이 이야기를 해주고 싶어졌는지 모르겠는데, 아무튼 그렇습니다."

우리는 말없이 나베 요리를 먹었다. 국물이 졸아들어 짠맛이 입안 가득 퍼졌다. 나는 그릇 바닥까지 긁어 남기지 않고 다 먹었다.

아라시야마 라이트업을 보러 가는 길에 만난 인파는

● 후지와라 신야, 《돌아보면 언제나 네가 있었다》, 강병혁 옮김, 푸른숲

굉장했다. 새해를 맞이하는 흥분과 설렘이 인파를 타고 실려 왔다. 도게쓰교 뒤편으로 보이는 고목들은 인간의 손을 거쳐 정교하게 빚어진 조각 같았다. 낮에는 단정하게만 보이던 나무들이 보라색과 흰색, 푸른색 조명을 받아 형형색색으로 빛나고 있었다. 아름답다기보다 기묘한 생명력이 느껴지는 대나무숲 앞에서 나는 그만 얼어붙고 말았다. 무서워서 발을 뗄 수가 없었다. 인파가 멀어졌고 사람들의 웅성거림도 들리지 않았다. 그때 그가 가만히 내 왼손을 잡았다. 그리고 손깍지를 하고 엄지손가락으로 내 손등을 쓰다듬었다. 순간적으로 따스한 기운이 온몸에 퍼져나갔다. 나는 얼굴을 들어 그를 쳐다보지는 않았다. 그저 그 기운에 손을 맡긴 채 발을 내디뎠다. 이 산책이 끝나면 새해가 되어 있겠지.

멀리서 아이의 탄성이 들려왔다. "키레이, 마마!"●

● 일본어로 "예뻐요, 엄마!"라는 뜻.

어느 책의 생애

나는 한 권의 책, 내 몸은 284면의 종이로 이루어져 있다. 사람들은 내 안에 새겨진 활자를 읽고 울고 웃는다. 나는 단 한 사람의 인생을 읽고 울고 웃는다.

그녀를 처음 만난 곳은 1995년 홍대입구역 지하의 작은 책방이었다. 구석진 서가에 꽂혀 있던 나를 처음으로 꺼낸 사람이었다. 재수생이던 그녀는 토요일 저녁마다 서점에 와서 책을 사 가곤 했다. 그날 저녁 그녀가 나를 손에 쥔 채 한참을 내려놓지 못했을 때, 그녀의 손에 밴 땀이 내 표지에 닿았을 때 나는 서점을 떠나 다른 곳에 가게 되리라는 걸 예감했다.

    그녀의 일상은 단출했다. 매일 아침 7시 30분에 집을 나서 학원에서 입시를 준비했고, 밤 11시가 다 되어 돌아왔다. 일기장 옆에 꽂혀 있던 나는 그녀가 잠을 이루지 못할 때마다 꺼내보는 책 중 하나였다.(나 외에 연두색 표지의 시집 한 권이 더 있었다. 나는 그 시집에게 가끔 질투를 느꼈다.) 이듬해 그녀는 대학에 합격했고, 기숙사에 들어갈 때도 나를 데려갔다. 방에 놀러 온 기숙사 친구들이 종종 나를 꺼내 읽곤 했다. 3학년을 마친 그녀가 프랑스에 연수를 갈 때도 나는 슈트케이스 한쪽에 담겨 바다를 건넜다. 그때 본 지중해의 푸르른 빛은 내 몸을 이루는 종이들이 삭아서 눈을 감는 마지막 순간까지 잊을 수 없는 기억으로 남아 있다.

    책장에서 함께 지내던 다른 책 친구들은 어느 날 자고 일어나면 내 곁을 떠나 있었다. 대학 졸업 후 전셋집에서 지내던 그녀가 2년에 한 번씩 이사를 했던 것과 관련이 있으리라. 다른 친구들을 볼 수 없다는 것보다 내가 그녀의 곁을 계속 지킬 수 있다는 게 그저 기뻤던 시절이었다.

그녀가 스물아홉이 되던 해, 이번 이사는 다르다는 걸 느꼈다. 연희동의 이층집에 도착해 그녀가 짐을 풀고 나를 책장에 꽂을 때 처음 보는 친구들이 내 곁에 같이 꽂혔던 것이다. 남자친구가 가져온 책들이었다. 우리는 서먹서먹한 얼굴로 인사를 했으나 곧 서서히 친해졌다. 하지만 그 이층집 시절 그녀는 단 한 번도 나를 펼쳐보지 않았다. 1년이라는 시간 동안 그녀는 늘 그를 기다리며 술을 마시거나, 무기력하게 침대에 누워 있었다.

지금도 기억나는 그날은 진한 카레 냄새로 남아 있다.

오랜만에 그녀의 얼굴에는 들뜬 분위기가 어려 있었다. 온화하고 경쾌하며 이른 퇴근길의 행복감을 발산하는 공기. 마트에 들러 양파와 버섯, 당근 등을 사 왔고, 평소 사지 않는 와인도 테이블 위에 놓여 있었다. 냄비에서 보글보글 끓는 카레를 천천히 주걱으로 젓고 있을 때 그가 도착했다. 평소와 달리 굳은 얼굴의 그가 주방을 서성거리더니 한마디를 던졌다.

이제 때가 된 것 같아.

아냐, 아직 더 걸쭉해져야….

헤어지자, 우리.

그녀의 흰 셔츠에 황토색 동그라미가 튀었다. 나중에 시간이 흐른 후에도 그 카레 자국은 지워지지 않을 것이며, 그런 이유로 그 셔츠는 옷장 깊숙이 처박히게 될 것이다.

뒤돌아보지도 않고 그녀는 계속 카레를 저었다. 사실 그의 말은 내가 기다려오던 것이었다. 한 번도 행복한 얼굴을 하지 않았던 그녀가 1년이라는 지긋지긋한 시간 동안 왜 그를 떠나지 않는지 도무지 이해할 수 없었기에. 단지 그를 원망하거나 울음 한번 터뜨리지 않던 그녀의 뒷모습과 적요한 그날의 분위기가 두고두고 아프게 남아 있다.

본가로 돌아갈 줄 알았던 그녀는 한동안 입원해 있던 걸로 기억한다. 세상이 바이러스와 싸우고 있었다. 나는 상자에 실려 그녀의 부모님 집으로 갔다. 어두운 상자 안에서 조용히 그녀를 기다리며 보내는 동안, 온기라고는 그녀의 부모님이 키우는 고양이 냄새가 다였다. '치즈'라고 불리는 고양이는 가끔 내가 들어 있는 상자를 발톱으로 긁었지만 적막한 하루하루를 보내던 나는 그것마저 반가웠다. 1개월 후 그녀가 집에 돌아왔을 때 눈 밑은 푹 꺼져 있었고 안색이 너무 어두웠다. 나를 꺼내 책상 위에 올려두었지만 활자를 읽을 만한 상태가 아니었다. 그녀를 따라 병원에 있다 온 연두색 시집이 그간 그녀에게 일어난 일들을 들려주었다. 통증으로 밤에도 잠을 이룰 수 없었고, 사람을 만날 수 없는 격리 생활이 그녀를 무섭도록 고독하게 만들었노라고. 그렇게 말하는 시집의 얼굴도 수척해져 있었다. 나는 그에게 처음으로 질투가 아닌 동지애를 느꼈다. 나는 그녀의 야윈 뺨에 살이 차오르기를, 다시 생기가 돌기를 조용히 기도했다. 건강을 회복하는 일과 동시에 그녀는 다시 구직을 해야 했다. 30대에 접어든 그녀가 바이러스로 인해 꽁꽁 언 취업시장의 문을 두드리는 일은 쉽지 않았다. 하지만 그녀는 아침에 일어나 동영상 강의를 듣고 매일 면접을 보러 나가는 일을 멈추지 않았다. 기운을 차리는 그녀를 보며, 나도 언젠가는 예전처럼 그녀의 핸드백에 들어가 지하철을 타거나 카페에 가거나 공원에 가는 꿈을 꾸었다.

이 글이 해피엔딩으로 끝나기를 바라는 독자들에게 양해를 구하고 싶다. 그 이후 그녀의 집에 들이닥친 경제적 난관으로 그녀는 작은 고시원으로, 나는 다른 친구들과 함께 중고서점에 실려 오고 말았던 것이다. 시내 중심가에 위치한 중고서점은 햇빛도 잘 들었고 손님들로 북적거렸다. 하지만 나를 꺼내주는 이는 없었다. 나는 하루하루 의욕을 잃어갔다. 몸의 귀퉁이가 조금씩 삭아가고 있었다.

그러던 어느 날이었다. 날수를 세는 일에도 시들해져 3년이 흘렀는지, 5년이 흘렀는지 정확히 알 수 없는 어느 날. 중고서점 문을 열고 들어오는 한 여자가 눈에 들어왔다. 유아차를 밀고 천천히 소설 서가로 다가오는 여자는 나이가 들었지만 분명 그녀였다. 그녀가 나를 알아볼까? 햇빛에 오래 노출되어 바래버린 내 몸은 노인의 그것과 같았다. 내가 꽂힌 서가를 천천히 둘러보는 그녀를 나는 뚫어져라 바라보았다. 나를 발견해줘. 내가 여기 있어요. 그녀의 손가락이 내 책등을 건드리는 그 순간 나는 주책맞게 통곡을 할 뻔했다. 당신을 기다렸노라고, 어서 나를 데려가 달라고.

그녀는 나를 꺼내 들고 한참을 멍한 표정으로 가만히 서 있었다. 홍대입구역 지하 책방에서 나를 보던 19살의 그 눈빛 그대로. 여전히 그녀의 손은 땀이 많이 나는구나. 나는 책으로 태어나서 처음으로, 그 순간 죽어도 좋다고 생각했다. 지중해를 본 그날보다 그녀를 다시 만난 그날이 더 아름다웠다.

그때 그녀의 딸이 옹알이를 했다. 책 한 권을 손에 든 채 조용히 눈물을 흘리던 그녀는 딸을 번쩍 들어 안아주었다. "어서 집에 가자."

여기까지가 짧은 나의 생애다. 지금 나는 그녀의 책장에 꽂힌 채 졸고 있다. 고양이 치즈가 내 책등에 엉덩이를 바짝 갖다 붙인 채 골골거리고 있다. 그녀의 딸이 나를 펼쳐 읽는 날까지 내가 살 수 있을까? 하아, 왜 자꾸 잠이 오는지 모르겠다. 분명 너무 행복해서 그런 것 같다. 여러분의 책장을 한번 보시라. 어린 시절부터 함께한 책 한 권이 말없이 응원하는 마음으로, 주인의 삶을 지켜보고 있을지도 모른다.

검은 가방

　서점을 운영하던 첫해, 나는 호기롭게도 차를 마시며 고민을 들어주겠다며 '밤의 차담회'라는 걸 열었다. 1시간 동안 일면식 없는 손님의 고민을 집중해서 들어주는 일이었다. 직업 상담가가 아니므로 진지한 조언을 하는 일은 없을 거라고 신청자에게 미리 당부해두었다. 하지만 가볍게 시작한 일이긴 했어도, 어두운 조명 아래 마주 앉아 상대의 고민을 듣고 있노라면 고해성사를 집례하는 신부가 된 기분이 들곤 했다.
　그날 밤, 나를 찾은 손님은 희미한 인상의 30대 남성

L이었다. 그는 커다란 검은색 스포츠백을 들고 와 점장 카운터 옆에 내려놓고는 의자에 앉았다.

"일 끝나고 오셨나봐요?"

"점장님, 저 안에 뭐가 들어 있는지 아십니까?"

"저야… 알 수가 없지요."

나는 옅은 미소를 지으며 그의 앞에 차를 내주었다.

그는 사랑하는 사람에게 실연을 당한 지 4개월이 되었다고 했다. 아직도 잠을 못 자고 밤마다 그녀에게 전화를 걸고 싶은 충동을 억누르지 못한다고 했다. 그녀가 왜 자신과 헤어질 결심을 한 건지 납득이 되지 않는다고 말하는 그의 눈빛이 지나치게 번득였다. 나는 조심스럽게 몇 가지 질문을 던지기는 했으나, L은 자신의 고민을 털어놓는 데 집중하느라 딱히 나를 신경 쓰지 않는 듯했다.

문제는 그가 가져온 커다란 스포츠백에 무엇이 들어 있는지 궁금해서 내 시선이 자꾸만 그쪽으로 향했다는 것이다. 애써 그쪽을 보지 않으려 했지만 머릿속으로는 이미 온갖 상상이 펼쳐지고 있었다. 그는 왜 오자마자 내게 가방 이야기를 한 거지?

"그래도 이제는 그분을 놓아주는 편이 L 님에게도 도움이 되지 않을까요?"

"놓아주라고요? 내가 그녀에게 집착이라도 했다는 듯이 얘기하시네요?"

그의 목소리가 순식간에 커져서 나는 덜컥 겁이 났다.

"아니 실은 저도 그런 적이 있거든요. 이제는 나를 잊은 사람을 내내 지갑에 넣어두고 잊어버릴까봐 계속 꺼내보고 그랬거든요…. 물론 시간이 필요한 일이지만 4개월이 흘렀으…."

"점장님이 우리 사이를 모르셔서 하는 말입니다!"

그가 내 말을 잘랐다. 잠시 침묵이 흘렀다.

"…."

"혹시 어떤 책을 읽으세요?"

그는 갑자기 웬 책 얘기를 꺼내냐는 듯이 나를 쳐다봤다.

"이곳이 서점인 건 아시죠? 밤에 잠을 못 이룬다고 하시니 수면에 도움이 되는 책을 권해드릴 수도 있을 것 같아서요."

나는 의도적으로 싱긋 웃었다. 그의 표정이 좀 누그러졌다.

"죄송합니다, 점장님. 제가 좀 흥분했네요. 전 그냥 베스트셀러 소설들이나 회사에서 업무 때문에 경제경영서를 읽곤 합니다. 책은 잘 몰라요."

"음, 그렇군요. 사실 책에 실린 문장에서 위로를 받을 때도 있지만, 그냥 침대에 누워 책을 펼치는 일이 수면에 도움이 되기도 한답니다. 마침 이 책이 생각났어요. 지금은 절판되어 시중에서 구할 수 없는데 제가 빌려드릴게요. 다 읽은 후 다음에 서점으로 갖다주세요. 그때는 다른 책을 한 권 구입해주시고요."

나는 세라 메이틀런드의 《침묵의 책》을 그에게 건넸다. 그 책의 표지 그림은 완전히 까만 황야 위에 멀리 집 한 채가 보이는 풍경이었다. 사실 저자가 소음이 지배하는 도시를 떠나 홀로 침묵 속에 잠긴다는 내용은 그의 상황에 맞지 않았다. 그 책의 검은색 표지가 불현듯 떠올라서 건넸을 뿐이다.

"서점 주인이 책을 빌려주시기도 하나요? 어쨌든 감사

합니다. 꼭 돌려드릴게요."

한 시간의 대화가 끝나자 그가 자리에서 일어서며 내게 말했다.

"이 가방은 제가 책을 돌려드리러 오는 날 가져가도록 하겠습니다. 다시 연락드릴게요."

네에?

그러지 말라고, 우리 서점은 너무 좁다고, 아니 그건 그렇고 당신 소지품을 왜 나한테 맡기냐고 물으려고 했는데 어버버거리는 사이 그는 성큼성큼 서점 문을 열고 사라져 버렸다.

조금 멍한 상태로 나는 가방을 쳐다보았다. 아까부터 신경이 쓰였으므로 바로 열어봐야 했으나 왠지 엄두가 나지 않았다. 안에 무엇이 들어 있을지 상상조차 안 되어 무서웠다. 아무래도 안 되겠어서 나는 차담회 신청을 한 그의 연락처로 전화를 걸었다.

"지금 거신 전화는 없는 번호입니다…."

에에? 어제까지 이 번호로 통화하고, 방금 나갔잖아? 나는 안절부절못하며 검은 가방을 뚫어져라 쳐다보았다.

그가 찾으러 오겠다고 했으므로 버릴 수도 없었다. 심호흡을 하고 가방을 카운터 위로 올렸다. 조심스럽게 지퍼를 열려는 순간 서점 문이 열리며 손님이 들어왔다.

"어서 오세요."

나는 재빨리 카운터 아래로 가방을 내려 수납장 안으로 밀어넣었다.

서점 수납장 안에 잠들어 있던 그 가방은 7년 뒤 이삿짐 트럭에 실려 이전한 밤의서점으로 오게 된다. 주인이 찾으러 올 일은 요원해 보였으나 버릴 수는 없었다. 언제고 그가 들이닥쳐 내게 《침묵의 책》을 내밀면서 "제 가방은 어디 있습니까?" 하고 물을 것만 같았다.

얼마 전 새벽에 내린 폭설로 온 세상이 하얗게 뒤덮인 날이었다. 눈의 장막이 세상의 소음을 빨아들여 유난히도 고요했던 그 아침에 서점 핸드폰으로 문자가 도착했다.

"책을 돌려드리러 방문하겠습니다."

그 사람의 번호다. 드디어. 없는 번호라는 안내음을 들은 게 7년 전인데도 나는 어제 일인 것처럼 그를 맞을 준비를 하고 있었다. 하루 종일 서점 문을 힐긋거렸다. 단골 손님은 내 시선이 문을 떠나지 않는 걸 보고 물었다. "점장님, 기다리는 분이 있나봐요?"

검은 가방이, 아니 검은 가방의 주인이 들어온 건 마감 시간을 10분 남긴 시각이었다. 세월이 그렇게나 흘렀으니 그의 얼굴을 또렷이 기억하고 있다고 장담할 수는 없지만, 내 앞에 서 있는 그의 인상착의가 그때와 전혀 달라서 당황스러웠다. 내 기억 속의 그는 어딘가 성이 나 있는 조급한 얼굴이었는데, 지금 그는 말끔한 정장 차림에 환한 영업용 미소를 짓고 있었다.

"저를 기억하십니까, 점장님?"

"네에, 그때 제게 검은 가방을 맡기셨던…."

"검은 가방? 아 그렇죠, 가방을 제가…." 그가 살짝 씁쓸한 말투로 대답했다.

"잠시만 기다리세요."

나는 부리나케 창고로 들어가 가방을 보관해둔 박스를 열었다. 어? 그런데 있어야 할 곳에 가방 대신 포장물품이 들어 있었다. 착각했나 싶어 옆에 쌓아둔 박스를 차례로 오픈했으나 있어야 할 가방은 어디에도 없었다. 식은땀이 흘렀다. 다른 점장에게 전화를 걸어 가방을 다른 곳으로 치웠는지 물었다. "검은 가방? 무슨 말 하는 거야, 뜬금없이 가방이라니?"

전화기 너머로 의아한 목소리가 되물었다. 검은 가방 이야기는 들어본 적도 없다고. 몇 년이 흘렀다 해서 잊을 만한 이야기는 아니었다. 나는 얼굴이 벌게진 채 카운터로 나왔다.

"너무 오랜만에 방문하셔서 제가 지금 가방을 찾고 있는데요, 그게…."

"점장님, 이 책 그때 빌려주셨었는데 실은 중간에 분실을 했습니다. 바로 돌려드리려고 했지만 절판된 책이라 드리지 못했어요. 얼마 전 부산에 여행 갔다가 헌책방에서 새 책에 가까운 중고도서를 발견하고는 얼마나 다행이던지. 너무 늦어서 죄송합니다. 아직 서점을 하고 계셔서 다행입니다…."

그는 깍듯하게 고개를 숙였다. 나는 떨떠름하게 책을

받아들고 다시 가방을 찾아보겠다고 잠시 기다려주실 수 있느냐고 물었다. 돌아온 그의 대답은 의외였다.

"가방이라니 그걸 아직까지 갖고 계실지 몰랐습니다. 제가 민폐를 끼쳐드렸습니다. 가방은 나중에 찾으셔도 그냥 처분해주시겠어요? 지금은 아무런 의미도 없는 거라서…."

"하지만 그 가방은 소중한… 아니, 그러니까…."

"참, 저는 결혼을 해서 아이가 벌써 두 돌이 되었습니다. 오랜만에 뵙는데 점장님은 그대로시네요. 하하하. 서점도 이렇게 확장하시고. 버스로 외근 나갔다가 전혀 다른 동네에서 밤의서점 간판을 발견하고 화들짝 놀랐지 뭡니까."

그는 활달한 영업사원처럼 자신의 근황을 들려주고서 서점을 떠났다. 그의 신발에서 떨어진 눈 녹은 물들이 유일하게 그가 다녀간 흔적으로 남아 있었다. 그가 나가고 나서야 발에 힘이 풀려 의자에 털썩 주저앉았다.

7년간 내가 기억했던 검은 가방을 다른 점장은 들어본 적도 없다 하고, 가방 주인은 자신에게 의미가 없는 물건이라고 한다. 안 돼, 이대로 증발해버리면 그 안에 뭐가 들어 있었는지 끝끝내 알지 못하는 거잖아. 분한 마음이 들었다. 나는 다시 창고로 들어갔다. 풀지 않은 박스들을 다 열어서라도 가방을 찾아낼 기세였다. 그걸 찾아야 처분하든 버리든 할 수 있다. 박스 테이프를 뜯어내는 내 손아귀에 힘이 들어갔다. 어느새 창밖에는 다시 눈이 내리고 있었다.

사람을 피하지 않는 개와 에어컨이 없는 가게

치앙마이에서 Y를 봤대.

갑작스레 치앙마이행 티켓을 끊은 것은 K가 통화 중 흘린 한마디 때문이었다. 붙임성 좋은 과대인 그는 졸업 후 동기들의 근황을 간간이 들려주었는데, 그의 입에서 Y의 소식이 흘러나왔던 것이다. 나는 어떤 계기로 Y와 멀어졌지만, 꿈에 몇 차례 재회하는 장면이 나올 만큼 관계를 회복하고 싶다는 마음이 절실했다.

치앙마이 같은 작은 도시에서라면 우리가 우연히 마주

친다 해도 어색하지 않을 것 같았다. 마침 실업급여가 통장에 들어와 있었다. 나는 주저 없이 5시간 30분을 날아 치앙마이에 도착했다. 숙소에 짐을 풀고 K가 말한 재즈바로 향했다.

노스게이트 재즈 코업은 헐렁한 원피스와 민소매 티에 반바지 차림의 맥주병을 손에 든 젊은이들로 채워지고 있었다. 일층에 자리를 잡고서 위층으로 올라가는 사람들의 얼굴을 일일이 확인했다. 밴드 멤버들이 하나둘 도착했다. 둠칫둠칫 드럼 리듬 위에 베이스와 기타가 얹어지고, 검은색 긴 스커트를 입은 색소포니스트가 슬며시 끼어들더니 곡을 완전히 다른 분위기로 끌고 나갔다. 재즈 합주는 끊어질 듯 끊어지지 않고 이어졌고, 관객들은 흥에 겨워 탁자를 두드리기도 했다. Y는 나타나지 않았다.

Y는 나의 절친이었다. 우리는 함께 배낭여행을 떠났고, 스터디모임과 연극동아리 활동도 같이 했다. 내가 스터디모임을 만들면 Y가 들어오고, Y가 먼저 시작한 연극동아리에 내가 들어가는 식이었다. 성향이 정반대였지만, 기본적으로

서로를 좋아했기에 어떤 활동이든 따라 했던 것 같다.

그러다 무람없이 서로의 치부를 건드린 일이 몇 번인가 있었다. 내 가족사를 무신경하게 언급한 Y에게 복수라도 하듯 일부러 그 말을 꺼냈다. 그가 가장 수치스러워하는 부분을. 그 후 누가 먼저랄 것도 없이 공유했던 활동에 발길을 끊었고, 홧김에 나는 그의 번호를 지웠다. 연락을 하지 않으면서도 우리가 영영 멀어지리라고는 생각하지 않았다. 몇 년 후에 그가 가족의 권유로 병원에 입원했다는 말을 전해 들었다. 그 후 Y는 모두에게서 자신의 행방을 지웠다.

모르는 발신자 번호로 문자가 도착한 건 병원 소식을 듣고도 꽤 시간이 흐른 뒤였다.

"사람을 피하지 않는 개 에어컨이 없다"

새벽 3시를 넘긴 시각이었고, 영문 모를 장난문자라고 여기며 지웠는데 나중에야 그게 Y일지도 모른다는 생각을 했다. 지우지 말아야 했는데.

치앙마이의 후텁지근한 저녁 공기가 살갗에 닿자 그

새벽의 문자가 번뜩 떠올랐다. Y가 내민 손을 얼마나 오래 방치했던 거지. 수첩과 볼펜을 꺼내 의식의 흐름대로 쏟아내기 시작했다. Y에게 그간 전하지 못했던 말을.

 어떻게 지내고 있어. 가끔, 아니 자주 네가 꿈에 나온다는 거 알아?
 너를 가시처럼 찌른 그 말들을 주워 담고 싶다고 하루에도 몇 번씩 생각한다. 그때 네가 했던 말들은 지금의 내겐 그리 큰 상처가 아닌데 너도 그랬으면 좋겠다….

 두 번째 날에도 재즈바에 들렀다. 사람들이 몰리기 전 조금 이른 5시쯤 어제와 똑같은 카키색 원피스 차림으로 나타난 나를 보고 바텐더는 "김렛?" 하고 먼저 물었다. 나는 고개를 끄덕이고 이번에는 이층으로 올라갔다. 그렇게 한 시간쯤 시간을 축내다가, 화장실로 들어가는 어떤 이의 뒷모습을 보자마자 벌떡 일어나 화장실로 달려갔다. 한 칸밖에 없는 화장실 밖에서 이어지는 초조한 기다림.

예상했겠지만 그 사람은 Y가 아니었다. 나는 정말로 Y를 만날 수 있을 거라고 생각했던 걸까. 그저 현실이 나를 내치는 것만 같은 지금, 여기로부터 벗어날 핑계가 필요했던 건지도 모른다. 39도까지 치솟는 치앙마이 거리를 하염없이 걸었다. 거리에서 만난 들개와 고양이는 사람이 다가가도 피하지 않았다. 이 도시에서는 에어컨 바람이 희귀했다. 사람들은 땀을 닦지도 않고 흐르게 두었고, 툭툭이나 오토바이에 몸을 싣고 바람을 맞으며 한껏 웃었다.

마지막 날 저녁, 재즈바에 다시 갔다. 사흘 내리 김렛을 주문하는 내게 바텐더가 책 한 권을 내밀었다. 내 것이 아니라고 손사래를 치니, 이전에 방문한 사람이 혼자 방문한 한국 여행자에게 전해달라고 했다는 건조한 답이 돌아왔다.

태국신문으로 표지를 싼 그 책을 엉거주춤 받아 들고서 야외 좌석에 앉았다. 밴드 멤버들이 다 도착했는지 연주가 시작되었다.

책을 펼치니 활자들이 후드득 떨어졌다. 책갈피가 꽂혀

있던 페이지를 읽어나갔다.

어느 새벽 너는 조금 외롭고 지치고 힘든 것 같다. 너는 그만 생을 놓고 싶은 것 같고, 삶이 어떻게 흘러가든 아무래도 좋다고 생각한다. 표류하는 마음으로 너는 살아왔다. 너는 내 마음을 물들이는 어둡고 무거운 기운에 맞서 은밀히 분투해왔고 그것에 함몰되지 않으려고 노력해왔다. 그것. 삶의 의미 없음. 단순히 무의미함이라고만 말할 수 없는. 너는 허상과 허망함 속에서. 사소하고도 거대한 존재들이 네 곁에서 네가 말을 걸어주기를 바라고 있다는 것을 이 음악 속에서 느낀다. 피어나는 꽃들과 가을 저녁 들려오는 풀벌레의 울음과 세상의 그 모든 잔음과 잔음과 슬픔과 슬픔과. 이루지 못한 꿈과 끝내 전하지 못한 말과 아무것도 아닌 채로 세상을 떠난 사람들과 그럼에도 다시 한번 더 이 생을 살아가겠다는 무한 긍정과 죽어서 나란히 묻히자는 애틋한 약속과 가난과 질병과 안간힘과 지극한 고독함에 대해서. 너는 그 모든 것들을 너

자신의 것인 듯 느낀다. 자신을 알고자 하는 사람들과 자신을 버리고자 하는 사람들과 함께. 너는 언제나 네 속에서 울려오는 목소리들을 듣고. 너는 힘없고 뜻 없고 살기를 죽기를 바라는 그 모든 목소리들에 감응하고. 너는 매 순간 온전한 아름다움 속에서 살기를 바라고. 늘 너의 곁에는 어떤 음악들이 흐르고 있네. 그것들이 널 울리면서 널 살게 하네. 그것들은 모두 저마다 고유한 음으로 흐르면서 네 본래의 모습을 일깨워주고 있구나.●

재즈 협주가 클라이맥스를 향해 고조되고 있었다. 연주자들은 흠뻑 땀에 젖어 한몸이 되어 음악 속으로 들어갔다. 그 옆에서 책으로 얼굴을 가리고 있는 나. 그리고 Y가 내 옆에 있었다.

● 이제니, 《새벽과 음악》, 시간의 흐름

죽은 척하기

　우리 셋은 공연장을 나와 종로의 좁은 골목을 걷고 있었다. 뒤풀이도 할 겸 식당을 찾아가는 그 짧은 순간, 둘 사이의 감정이 미묘하게 일렁이는 걸 지켜보며 나는 두 사람의 뒤를 조용히 따르고 있었다. S는 지난주에 있었던 소소한 일들을 특유의 활기 띤 목소리로 즐겁게 쏟아냈다. 그런 그의 옆에서 K는 "그랬군요.", "이런, 놀랐겠어요."라는 맞장구로 상대의 이야기를 따라가고 있다는 충실한 신호를 보냈다. 나로 말하자면, 그 둘이 이렇게 잘 맞을까봐 내심 불안해하고 있다가 직격탄을 맞은 기분이었다.

"뭐 해요! 왜 혼자 오고 그래요~"

S가 뒤돌아보더니 눈웃음을 치며 나를 불렀다. 나는 살짝 그들에게 합류하려는 시늉을 하다가, 다시 거리를 두고 걸었다.

지난달에 보고 온 전시 〈오사카 파노라마전〉에서 나는 생뚱맞은 그림 앞에 멈춰 섰다. 후지시로 세이지의 200여 점의 원화 가운데 범작에 해당될 그림이었다. 아름다운 꼬리를 언제나 동료들에게 뽐내며 자랑하는 습관을 지닌 주머니쥐가 있었다. 어느 날 꼬리 자랑대회에 나가기 전 꼬리를 다듬을 겸 이발사를 찾아갔는데, 이발사가 다른 동물들과 짜고 꼬리털을 다 잘라버렸다. 볼품없는 꼬리가 된 주머니쥐는 대회에서 그것도 모르고 춤을 추며 뽐내다가 크게 망신을 당했고, 그 이후 주머니쥐는 창피할 때마다 죽은 척을 하는 습관이 생겼다고 한다.

하아. 나는 주머니쥐의 현신이다.

동호회에서 처음 S를 만나고 나는 일을 그르치지 않으

려고 꽤나 신중한 태도를 취했다. 아주 조금씩 그녀에게 다가갔고, 그녀가 부담스러워하지 않는 선에서 약속을 잡았다. 같은 뮤지션을 좋아한다는 끈이 그렇게 고마울 수가 없었다. 실험실 동료인 K에게 처음 그녀 이야기를 했을 때 그는 내가 드디어 누군가에게 빠졌다는 사실을 격하게 반겨주었다. 언제나 말을 잘 들어주는 K 앞에서 나는 신이 나서 그녀와 나의 공통분모를 수십 개씩 떠벌렸다.

그러다 방심했던 것이다. 그 둘을 만나게 하다니.

종로의 식당에서 모둠수육전골을 시켜놓고 나는 애써 얼굴에 미소를 짓고 있었다. S의 눈빛이 내가 한 번도 보지 못한 환한 기쁨을 내포하고 있는 걸 나는 알아보았다. K 쪽에서는 나를 신경 쓴 것인지 적극적으로 액션을 취하진 않았지만, S의 말 한마디 한마디에 그의 세포가 반응하고 있다는 걸 알 수 있었다.

그 사이에서 나는 죽은 척하며 시간을 견디고 있었다.

K의 논문이 길고 긴 시간을 거쳐 겨우 통과했을 때 나는 그의 평범함을 내내 곱씹으며 묘한 우월감을 가졌던 걸

기억한다. 언제나 내가 그를 도와주는 입장이었던 걸 잊지 않고 있었다. '힘든 거 있으면 언제든 내게 말하라고', 우쭐거리던 내 입은 지금 닫힌 채 열릴 줄을 몰랐다. 나는 주머니쥐처럼 그 자리에 꼼짝없이 얼어붙어 있었다. 수육전골의 맛이 이렇게 썼었나. 숟가락을 내려놓았다. 손목시계의 초침과 분침이 달팽이처럼 매달려 움직이지 않았다.

오하라의 하룻밤

"예약해주셔서 감사합니다. 오하라 버스정류장에서 내리시면 공중전화 박스가 보일 겁니다. 그곳에서 전화 주세요. 마중 나가겠습니다."

교토역에서 버스를 타고 한참 들어가면 나오는 산골마을. 나는 노천온천이 딸린 오하라의 작은 료칸에서 1박을 하기로 예약해두었다. 늦가을이고 관광객이 많을 법도 한데, 사방이 고요했다. 송영을 나온 직원은 무뚝뚝한 얼굴로 목례를 한 뒤에 내 짐을 차에 실었다. "오시느라 수고하셨습니다." 숙소에 도착한 나를 해사한 얼굴의 여주인이 맞아주었다. 웰컴티로 나온 녹차를 마시는데, 옆자리에 앉아 있던 커플의 키득거리는 웃음소리가 로비의 침묵을 깨뜨렸다. 스포츠머리의 남자와 갈색 웨이브 머리를 늘어뜨린 여자가 붙어 앉아 서로 핸드폰을 보여주고 있었다. 남자는 아시아인, 여자는 골격이 큰 북유럽 출신으로 보였다.

 짐을 풀어놓고 주변을 산책하려고 핸드폰만 들고 밖으로 나왔다. 료칸 바로 앞에 유리공방 겸 그릇가게가 있었다. 여행지에서 그릇을 사 가는 건 나의 오랜 습관이었다. 문을 열고 들어가자 주인이 읽던 책에서 눈을 떼고 가볍게 인사를 했다. 이곳 사람들은 다 조용하구나. 이곳의 모든 것이 묘한 기시감이 들었다. 작은 보석함과 파스타 접시를 고른 후 계산을 했다. 주인은 5분에 걸쳐 정성스럽게 선물 포장을 해주었고, 접시는 원래 크기의 2배가 되어 돌아왔다. 어차피 수트케이스에서 망가질 텐데. 나는 난감해하면서도 감사하다는 인사를 반복하며 가게를 나왔다. 근처에 유명한 신사가 하나 있다고 들었는데 지금 가볼까. 하늘을 올려다보았다. 산속이라 그런지 7시를 좀 넘긴 시각인데 이미 회색 땅거미가 내려오고 있었다. 저녁식사가 7시부

터라고 했으니 신사는 내일 가야겠다. 숙소로 다시 돌아와 저녁을 먹기로 했다.

일 인분을 위한 정식이 준비되어 있었다. 교토식 채소 절임이 담긴 접시, 전골에 넣어 먹도록 손질된 얇게 썬 고기, 단호박과 양배추, 팽이버섯, 국수사리까지 혼자 먹기엔 너무 푸짐한 상이었다. 일본어와 영어로 요리 순서를 적은 레시피까지 식탁 위에 올려져 있었다. 식당에는 사람이 없었고, 나베국물 끓는 소리만 보글보글 들려왔다. 적막하다. 혼자 오는 게 아니었어. 핸드폰을 보려는데 아까 그 커플이 들어온다.

조금 전과는 사뭇 다르게 둘은 시선을 마주치지 않는다. 남자는 앉자마자 맥주만 들이켜고, 여자는 국자로 국물을 뒤적거리지만 둘 사이에 냉기가 흐른다. 싸웠군.

그들은 대각선 방향의 테이블에 앉아 있어서 내 쪽에서는 여자 얼굴만 보인다. 혼자 먹는 식사도 외로웠지만 커플의 어색한 분위기도 견디기 쉽지 않았다. 대충 밥을 먹고 노천탕에 들어갈 준비를 했다. 뜨끈한 온천물에 노곤한 몸을 풀면 기분이 나아질 거야. 회사도 두고 온 일도 잠시 잊어버리자.

대나무와 이름 모를 나무들로 둘러싸인 작은 노천탕은 안락하기보다는 고즈넉해서 무서웠다. 극기체험을 하러 온 게 아닌데, 하며 발을 내디뎌 탕으로 들어갔다. 사위가 너무 어두워 간절히 누군가가 와주기를 바랐던 것 같다.

몸을 담근 지 20분쯤 지났을 때 누군가 탕 쪽으로 걸어오는 소리가 들렸다. 갈색 웨이브 머리 여자였다. 그녀가 들어오자 작은 탕이 가득 찼다. 풀벌레 소리를 들으며 우리 둘은 조금 딴청을 피웠다. 그쪽에서 먼저 말을 걸었다.

"어디서 왔어요?"

"한국에서요. 당신은요?"

"스웨덴에서 왔어요. 아까 우리 시끄러웠죠?"

그녀가 살갑게 자기 얘기를 털어놓았다. 우리는 거의 밀착한 상태지만 다행히도 어둠이라는 이불을 덮고 있다.

"일본에서 어디가 제일 기억에 남아요?"

내가 물어보자 만면에 웃음을 띠며 그녀가 외쳤다.

"우동 투어!"

우동 투어라니. 단어만 들어도 긴장이 날아가는 기분이

었다. 다카마쓰에는 우동가게들을 도는 우동버스가 있다고 한다. 우동버스에 올라 우동에 대한 설명을 듣고 내려서 우동을 맛보고, 또 다른 가게로 이동하며 우동의 역사를 듣고 내려서 또 새로운 우동을 먹는 식이라고.

2주째 일본에 머물렀다는 그녀는 내일 저녁 비행기로 돌아간다고 했다. 불어난 짐만큼 가져왔던 책들은 좀 버리고 갈 거라고도 했다.

"필요하면 읽을래요?"

"스웨덴어를?"

"영어책이죠. 하하."

유카타를 입고 우리는 각자의 방으로 돌아왔다. 이불을 덮고 누우니 방바닥 위에 까만 벌레가 꿈틀거리는 게 보였다.

아침에 눈을 떴을 때는 9시가 지나 있었다. 냉장고에 있던 생수를 한 모금 들이켠 뒤 방문을 열었다. 문 앞에 영어 소설책 두 권이 놓여 있었다. 메모와 함께.

"우린 일찍 떠나요. 반가웠어요. _C"

방문 앞에 놓인 책을 보니 3년 전 겨울, 기숙사 방문 앞에서 파자마에 카디건을 걸친 차림으로 책을 내밀던 Y가 떠올랐다.

"널 주려고 도서관에서 훔쳤어."

그걸 애정고백이라고 하는 건지, 친해지고 싶다는 건지 헷갈렸던 그날 밤을. "훔친 책을 주는 이유가 뭐야?" 혹은 "이런 건 받을 수 없어" 하며 확실하게 의사표현을 못 한 채 웃는 낯으로 그 책을 받아 들던 내 모습을. 언제나 내 주위를 맴돌며 마음을 열 때까지 기다리더니, 금세 흥미를 잃던 Y는 영문을 모르겠다는 나를 보며 "지루한 관계는 싫다"고 말했다.

나는 그녀가 선물한 책을 들고 방 안으로 들어왔다. 창밖으로 시선을 돌리니, 어제와 달리 아름다운 적막이 펼쳐져 있었다.

그가 지운 것

그날도 백희경은 대형 드럼세탁기 속에서 춤추는 빨래들을 쳐다보다 줄고 말았다. 두 시간 전 도착한 문자를 뚫어지게 바라보던 중이었다.

"어젠 잘 들어갔어요? 잠깐이지만 다시 보게 되어 좋았어요."

전화기에 띠링 하고 도착한 문자를 보고서 그녀는 "잘못 보내셨네요"라는 문자를 보내는 대신, 이런 다정한 문자를 받는 마음은 도대체 어떤 것일까 상상해보려고 애썼다. 남자가 여자를 짝사랑하고 있나, 아니면 여자가? 각자

애인을 두고 은밀하게 눈길을 주고받는 사이? 희경은 6평 가량 되는 셀프빨래방 의자에 앉아 전화기를 쳐다보며 생각에 잠겼다.

쿵딱쿵딱 세탁기가 탈수 과정으로 넘어갔다. 백희경이 이곳에서 일한 지 석 달이 되어간다. 두 달 가까이 일러스트 일거리가 끊긴 어느 오후, 방바닥에 떨어진 손톱을 줍다가 이거 큰일 나겠는걸, 하는 생각이 퍼뜩 들었다. 집을 나와 막막하게 동네를 걷는데 새로 오픈하는 빨래방 아르바이트생 광고가 보였다. 여러 동네에 점포를 가진 성격 꼼꼼한 사장은 하루 종일 가게를 지킬 사람을 찾고 있었다. 오전에는 손님이 없는 특성상 10시 30분에 출근해서 바닥 청소를 한 뒤 세제자판기의 빈 물품을 점검하고 동전자판기에 동전도 채운다. 빨래방에 처음 오는 사람들에게 세탁기 사용법을 가르쳐주거나, 자리를 비운 손님 대신 건조가 끝난 빨래를 꺼내어 갠 다음 대형 비닐봉투에 넣어둔다. 세탁기 3대에 건조기는 2대. 건조만 하러 오는 손님들이 있어서 건조기를 비워놓는 게 중요했다. 이 정도면 거의 노는 수준이었다. 대신 시급은 무척 짰다. 하지만 백희경은 이 일이 무척 마음에 들었다. 아니, 정확히는 이 6평의 공간이 마음에 들었다.

여기에는 그 흔한 CCTV나 거울이 없다.

백희경은 90킬로그램이 넘는 거구였고 이런 여자는 어디를 가든 눈총의 대상이 된다. 여자들은 몰래 쳐다보며 자기는 저 정도는 아니라며 안도의 한숨을 내쉬었고, 남자들은 '게으른 년, 눈 버렸다'라는 경멸의 시선을 보냈다. 거리 곳곳에 유리나 거울은 얼마나 많은지, 시시때때로 자기 몸을 확인할 때면 고통스러웠다. 때문에 그녀의 활동반경은 거의 집을 벗어나지 않았다. 일러스트를 그리는 일은 집에서도 할 수 있었다. 그림을 고집해온 것도 어쩌면 그런 이유에서였을지도 모른다. 아주 가끔씩 집 앞 영화관에서 조조영화를 보거나(자신을 지워버리는 암흑을 또 어디에서 찾을 수 있을까!), 도서관에서 책을 빌리는 것이 그녀의 주된 일과였다.

새로운 일터는 안전했다. 여기 앉아 있으면 사람들은 시비를 걸지 않았다. 덩치 큰 여자가 빨래방을 지키고 있는 모습이 정물화 속 사과와 꽃병처럼 어울린다고 생각하는 걸까. 손님들은 투명인간을 대하듯 그녀에게 무관심하다가 세탁기 사용법을 물을 때만 말을 걸었다. 그리고 세탁기에 빨래만 넣고 재빨리 자리를 비웠다. 백희경은 빨래 돌아가는 소리, 건조기 돌아가는 소리를 들으며 혼자 평화롭게 가게를 지키기만 하면 됐다.

참, 친구도 한 명 생겼다. 업소에서 일하는 두 살 어린 친구인데 토요일 오후 빨래방에 앉아 백희경에게 연애상담을 했다.

"그 사람은 달랐어요. 처음 관계를 할 때 얼마나 좋던지! 일하면서 그런 적은 처음이었어요. 보통은 빨리 끝났으면 좋겠다. 어서 씻고 싶다 이런 생각만 하거든요. 근데…."

백희경은 침을 꿀꺽 삼켰다. 자기에게 고민을 상담하는 친구가 생기다니.

"이 사람과는 하고 나니까 더 의지하게 되고 믿고 싶고 가까이 있고 싶고 매일 보고 싶은 거예요. 언니도 그런 적 있죠?"

백희경은 고개를 가로저었다.

"근데 내가 막 매달리면서 보고 싶다 그러면, 그 사람은 연구실에서 지금 이런 일이 일어나고 있다고 화제를 돌려요. 연구실 전원 야근이라며 카톡도 확인 안 하고요."

울상을 짓는 그녀가 사랑스러웠다. 백희경은 한 번도 해보지 못했고 앞으로도 꿈꾸지 못할 영역이었다.

남자가 빨래방에 온 것은 퇴근을 30분 남긴 시각이었다.

그는 모자를 눌러 쓰고 주변을 살피며 들어왔다. 그가 신은 등산화에서 진흙이 떨어졌다. 청소 다시 해야겠네. 백희경은 짜증이 일었다. 그는 잠바로 양손을 감싸고 들어왔는데 빨래가방이나 비닐주머니도 들고 있지 않았다.

"이거 어떻게 사용하는 거요?"

"세탁물 넣고 세제는 사서 넣으셔야 돼요. 5백 원짜리 동전만 되니까 여기 자판기에서 바꾸시고요."

그가 두리번거리며 지폐를 내밀기에 백희경은 세제도 대신 구매해주고 동전도 바꿔주었다.

"유연제 넣으실 건가요?"

그가 고개를 저었다. 백희경은 마음이 바빴다. 세탁에 건조까지 하면 한 시간이 걸리는데 퇴근이 늦어지고 만다.

그때 갑자기 그가 체크 남방을 벗는 바람에 희경은 떨듯이 놀랐다. 그는 들고 온 잠바와 남방을 세탁기에 넣었다. 빨래방에서 옷을 벗어 세탁하는 사람은 처음 봤다. 세제를 건넬 때 보니 남방의 앞단추와 소매 부분이 빨갛게 물들어 있었다.

돌연, 밤이 으슥해졌다.

남자는 희경을 등지고 의자에 앉았다. 백희경은 연신 시계를 쳐다보았다. 30분이 한 시간 같았다. 덜컹덜컹 탈수 과정으로 넘어가자 다소 긴장이 누그러졌다. 힘없이 늘어뜨린 팔, 내의만 입은 그의 둥근 등에 피로가 묻어 있었다.

"이제 괜찮단다. 괜찮아…."

낮은 목소리로 그가 중얼거렸다.

"네? 저한테 말하신 거예요?" 그가 모자를 벗더니 고개를 돌려 백희경을 바라보았다. 흰머리가 희끗희끗한 오십

대 남자는 이마에 깊게 주름이 패 있었다. 놀랍게도 방금 전까지 울었던 것처럼 눈이 벌겠고 얼굴에 눈물자국이 있었다.

"건조가 끝나려면 얼마나 걸립니까?"

"12시면 끝날 것 같은데요."

"아가씨는 나이가 어떻게 되오?"

"스물아홉이요."

"이렇게 늦게까지 밖에 있다가 힘한 일 당하면 어쩌려고…. 집이 이 근처인가?"

"네, 요 앞이에요."

"나이가 그렇게 되었으면 집에서 시집가라고 하시겠군."

백희경은 남자가 결혼을 화제로 꺼내자 당황했다. 아무도 이런 거구의 여인이 결혼을 할 수 있을 거라고 생각하지 않는다.

"부모라고 다 자식의 행복을 바라진 않아요. 자식이 짝을 찾아 떠날까봐 벌벌 떠는 사람도 있고. 자기 불행을 들어주고 뒤치다꺼리해줄 사람이 없어질까봐 필사적으로 붙

잡아요, 악착같이."

"괜한 얘길 꺼낸 것 같아 미안하오. 나도 딸이 있어요…. 아가씨보다 세 살 어린."

"…."

"세상에서 가장 나쁜 게 무언지 아시오? 힘없는 아버지라오."

백희경은 중년의 남자가 그렇게 부드러운 목소리로 자기에게 사과를 하는 상황이 낯설었다. 그녀의 아버지는 자식에게 살갑게 말을 건 적이 없었다. 아버지와 마주하는 시간은 그의 심사가 뒤틀려 가족에게 폭력을 행사할 때뿐이었다. 백희경은 방에 틀어박혀 무언가를 입에 쑤셔넣으며 지냈고, 그녀의 몸이 불어나면서 아버지가 폭력을 휘두르는 대상은 어머니가 되었다. 입가가 터져 정신을 놓은 어머니 앞에 소독약과 밴드를 챙겨가 앉으면 그녀는 텅 빈 눈으로 백희경을 바라보며 말했다.

네가 맞지 않아 다행이라고 생각하지?

그는 건조가 끝난 옷을 털어 입고 잠바까지 걸치고 문을 나섰다.

"나 때문에 늦게 끝나서 미안합니다."

그는 그 말을 남기고 성큼성큼 멀어져갔다.

백희경은 빗자루를 들고 흙이 떨어진 바닥을 쓸어냈다. 남방에 묻어 있던 건 뭐였을까.

다음 날 출근 전에 책을 반납하러 희경은 시립도서관으로 향했다. 사서들이 모여 웅성거리고 있었다. 도서관 주변에 경찰차가 출동해 있었고, 사서 한 명은 울먹거리며 오늘 아침 목격한 장면을 설명하고 있었다. 희경은 핸드폰으로 뉴스를 확인했다.

오전 9시 30분경, 시립도서관 도서 반납함에서 검은 비닐봉투가 나왔다. 도서관이 문을 닫은 시간에 책을 반납할 수 있도록 설치된 함 속에 누군가 넣고 간 것이다. 그 안에는 M이라는 남자의 범행을 낱낱이 기록한 문서, 그리고 남자의 것으로 보이는 새끼손가락이 거즈에 싸인 채 들어 있었다.

M은 S기업의 둘째 아들이었다. 유명한 공연 기획자이자 도서관 옆 갤러리의 관장인 그는 일주일 째 모습이 보

이지 않아 이미 실종신고가 된 상태였다. 문서에 기록된 내용들은 상상을 초월했다. 여자를 성폭행한 건이 4건, 공원에서 뛰어노는 5살 아이에게 공기총을 쏴서 아이가 뇌사상태라는 내용도 있었다. 그 같은 일이 법조계에 끈이 있는 부모에 의해 전부 은폐되었음을 고발하는 내용이었다. 백희경이 옆에서 들으니 사서들은 대기업 아들이면 이런 천인공노할 짓을 저질러도 되는 거냐며 분개했다. 손가락을 자르고 그 문서를 넣어둔 사람을 지탄하는 사람은 없었다.

희경이 책을 반납하고 계단을 내려가려는데 소파에 앉은 낯익은 남자의 뒷모습이 보였다. 눈에 익은 체크남방. 어제 그 사내였다. 집에 들어가지 않은 걸까. 순간적으로 그의 소매 쪽으로 눈이 갔다.

그는 멍한 표정으로 도서관의 통유리창을 쳐다보고 있었다. 백희경은 그의 옆자리에 조금 떨어져 앉았다. 그가 인기척을 느꼈는지 옆으로 고개를 돌렸다.

백희경이 고개를 꾸벅 숙이자 그가 눈인사로 답했다.

피로에 절어 얼굴이 새카맸다.

"뭐 하고 계세요?"

"그 사건 말이요."

"네?"

"오늘 아침 발견되었다는 봉투…."

"아, 네…. 온통 그 얘기뿐이네요. 인터넷도. 밖에서도."

"그런 놈이라면 손가락을 자르든 죽이든 괜찮다고 생각하지 않소?"

"전 아까 헤드라인 정도만 봐서…. 뭐 그런 사람을 처벌하라고 법이 있는 거니까요."

남자는 물끄러미 희경을 바라보았다. 텅 빈 그 눈이 엄마를 떠올리게 하는 구석이 있어 백희경은 시선을 피했다.

"전 출근해야 해서 그만 가보겠습니다. 그럼."

그녀는 황급히 빨래방으로 돌아왔다. 손님이 없어 세탁기도 멈춘 한가한 오전이었다. 휴대폰으로 다시 기사를 검색했다. 온갖 추측성 보도가 난무했고 그렇게 손가락이 절단될 경우 출혈과다로 쓰러지게 된다는 기사도 있었다. 백희경은 지난밤 남자의 남방 소매를 생각했다. 그는 도서관에서 뭘 보고 있었던 걸까. 범인은 현장을 찾는다던데…. 남자의 딸이 성폭행당한 여자 중 하나일지도 모른다.

밤 11시가 넘게 빨래방을 지켜도 무서운 적이 없었는데 그날은 유독 시간이 더디게 흘렀다.

퇴근길에 평소와 달리 뒤를 살피며 잰걸음으로 돌아온다. 다세대주택이 밀집한 골목에 서서 졸고 있는 가로등이 야속했다.

아가씨, 아가씨… 문 좀 열어봐요.

조심스럽게 문 두드리는 소리가 들렸다.

백희경은 침대에서 벌떡 일어나 현관문 쪽으로 간다. 잠금장치가 고장 나 있다는 걸 그녀가 발견한 순간, 문손잡이가 돌아간다. 문틈으로 보이는 남자의 얼굴엔 눈이 없다.

잠에서 깬 백희경은 땀에 흠뻑 젖어 주위를 둘러본다. 방바닥을 굴러다니는 물감 두어 개, 그리다 만 그림. 모든 게 그대로였다.

꿈자리가 사나운 날은 꼭 집 생각이 났다. 고통스러운

기억들은 한 몸처럼 *끈적끈적하게* 달라붙어 있는 것일까. 어머니는 휴대전화가 없다. 부러 아버지가 없는 시간에 전화를 걸었다. 아무도 받지 않았다. 신경안정제를 먹고 자고 있을 것이다.

어머니가 우울증이라는 걸 안 지는 얼마 되지 않았다. 어쨌든 집안의 기둥 역할을 하던 오빠가 작년에 결혼을 하고 집에 발을 끊은 뒤로 그녀는 부쩍 무기력해졌다. 아버지는 멍한 표정의 아내가 못마땅했는지 제대로 반응하지 않아 이상했는지, 간만에 일찍 들어온 저녁 둘만 있는 자리에서 말했다.

"병원에 좀 데려가라."

백희경은 엄마를 데리고 신경정신과에 갔다. 아버지의 짐작대로였다. 의사는 약을 처방해주면서 지금부터 가족의 도움이 절대적으로 필요하다고 했다. 자주 말을 걸어주고 산책도 같이 하고 그러는 게 도움이 된다고.

구직사이트에 올려둔 희경의 포트폴리오를 보고 출판사에서 단행본 일러스트를 의뢰한 건 그즈음이었다. 백희경은 계약금으로 월세방을 얻어서 집을 나왔다.

그 뒤로 한 번도 집에 가지 않았다.

빨래방에 앉아 있으려니 유일한 친구가 빨래가방을 들고 들어왔다. 희경은 반가웠다. 그렇게 눈부신 아이가 자기에게 말을 걸어주는 것만으로도 고마웠다.

그런데 오늘 그녀는 희경에게 알은체도 안 하고 핸드폰에만 코를 박고 있다. 희경은 커피자판기에서 커피를 뽑아 그 애 앞에 놓아주었다. 함께 있는 사람의 눈치를 보고 좋은 분위기를 만들어야 한다는 습관이 언제나 몸에 배어 있었다.

"언니, 그 사건 들었죠?"

"M요?"

"그 사람 우리 가게 단골이었어요. 좀 변태 같은 데가 있다 했어. 근데 핸섬하고 돈도 잘 쓰고 예술이니 공연이니 그런 있어 보이는 소리 많이 해서 가게에서 인기 많았다니까요."

어디서나 주목받는 사람들….

"아 진짜 나도 한 번 손님으로 받을 뻔했는데 스케줄이

꼬여서 못 만났거든요. 그땐 아깝다 그러면서 그런 사람 하나만 스폰서로 잡으면 인생 필 텐데 하는 생각도 했었는데. 으흐…."

"연구실 친구는 연락 잘 와요?"

"언니, 지금 나 물 먹이는 거예요? 참 나, 그런 엘리트가 나 같은 애랑 진지하게 만나겠어요?"

희경은 식은땀이 났다. 활발하게 재잘거리다가도 오늘처럼 냉소적으로 구는 이 아이를 어떻게 대해야 할지 알 수가 없었다.

사실은 희경도 한 번 M을 본 적이 있었다. 도서관 바로 옆에 붙은 갤러리는 대기업 회장인 그의 아버지가 지은 곳으로 유명 작가의 전시회가 자주 열렸다. 그날은 M이 소장한 작품들을 전시하는 첫날이라 그가 슈트를 입고 서 있었다. 관람객뿐만 아니라 손님들이 많았다. 희경은 무료 전시라는 말에 들어갔다가, 케이터링 뷔페와 말끔하게 차려입은 사람들을 보고 도망치듯 나오려던 참이었다. 기자들의 질문을 받던 중이었는지, 무슨 말 끝에 그가 이렇게 말을

이었다.

"인간의 가장 강력한 욕구는 사랑하고 싶고 사랑받고 싶은 감정입니다. 예술은 그걸 표현할 뿐이죠. 예술가들이 불행한 가정사에서 영감을 얻는다는 건 이제 옛말이 아닌가요. 안 그래요, 아가씨?"

그가 문 쪽에 있던 백희경을 보고 말을 던졌기 때문에 사람들의 시선이 일제히 그녀에게 쏠렸다. 백희경은 당황해서 그 자리에 얼어붙었다. M은 사십 대를 넘긴 나이에 몸에 기품이 밴 남자였다. 그녀는 주책없이 두근거리는 마음을 누르지 못했다.

다음 날, 백희경은 평소보다 두 시간 일찍 출근해서 도서관에서 빌려 온 책을 펼쳤다. 앤드루 솔로몬이라는 작가가 쓴 《한낮의 우울》이라는 책이었다. 실제로 우울증에 걸린 작가가 몇 년에 걸쳐 썼다는 두꺼운 책. 백희경은 요즘 우울증에 관한 책만 읽고 있었다. 어머니를 이해하고 싶다는 마음 따위는 없었다. 그저 다른 이들의 고통을 들여다보고 싶었다. 자기 정도의 불행은 세상에 널렸다는 걸 확인하고 싶었다.

나는 머릿속으로 장례식을 느꼈다.
조문객들이 이리저리 움직이며 짓밟고 또 짓밟아서
감각이 빠져나갈 듯했다.
그들이 관을 들어올리고 납으로 된 장화를 신고 다시
삐걱거리며
내 영혼을 가로지르는 소리를….
공간이… 울리기 시작했다.●

책 중간에 인용된 에밀리 디킨슨의 시를 보며 백희경은 엄마를 떠올렸다.
가슴이 답답해졌다. 담배를 피우고 싶었다. 집에 전화를 걸었지만 역시 받지 않는다.

백희경은 빨래방 근처 공원으로 나갔다. 외진 구석에 서

● 앤드루 솔로몬, 《한낮의 우울》에서 재인용, 민승남 옮김, 민음사

서 담배를 입에 무는 순간, 날카로운 소리가 귀를 찢었다.

"야! 공원에선 금연인 거 몰라? 당장 꺼!"

대머리에 추리닝을 입은 몸집 좋은 노인이었다. 공원에는 꽃구경을 나온 사람, 운동을 하는 사람들이 지나다니고 있었다. 희경은 고개를 돌려 그의 시선을 피했다. 담배는 끄지 않았다.

"아니, 이년이. 당장 못 꺼! 하마같이 생기면 아무도 못 건드릴 줄 아냐. 야! 너 몇 살이야?"

"…."

"대답 안 해? 이 쌍년이!"

"그냥 가세요."

백희경은 고개를 들지 않고 우물거렸다.

그가 손을 들어 백희경의 머리채를 쥐려는 찰나, 백희경의 입에서 괴성이 흘러나왔다. 흡사 미친 여자처럼 그녀는 악을 썼다.

"내버려두란 말야아아아아!"

"이거 진짜 미친년이구만. 오늘 한번 해보자 이거지?"

"아아아아아아악!"

그녀는 계속 악을 썼다. 남자의 목소리 같은 괴성으로. 집에서도 밖에서도 한 번도 그렇게 소리 질러본 적이 없었다.

"어르신, 참으십쇼."

남자 하나가 중간에 끼어들었다. 귀에 익은 목소리. 지나가던 사람들이 수군거리며 그들을 쳐다봤고, 몇몇은 흥미로운지 좀 떨어진 자리에 서서 지켜보고 있었다.

"아니, 이놈은 또 뭐야. 너 저년 남편이냐?"

"아닙니다. 어르신이 괜한 일에 말려들 것 같아서 이러는 겁니다. 저 사람은 제가 내보낼 테니 그냥 가시는 게 좋을 것 같습니다."

그의 말투가 신뢰가 가는 데다, 지켜보는 눈들이 신경 쓰였던지 사내는 혀를 끌끌 차며 자리를 떴다.

"미친년, 담에 한 번만 더 담배 피우는 꼴 내 눈에 띄었단 봐라."

목이 쉬어 더는 소리가 나오지 않을 때까지, 밤새도록 그렇게 악을 쓰고 싶었다. 한 번쯤은 그래도 되지 않을까. 자신이 소리 지를 수 있고 엉엉 소리 내 울 수 있다는 사실에 백희경은 묘한 쾌감을 느꼈다. 하지만 남자의 희번덕거리던 눈과 얼굴 쪽으로 다가오던 퉁퉁한 검붉은 손이 떠오르자, 담배꽁초를 든 손가락이 덜덜 떨렸다. 혁대를 풀고 다가오는 아버지, 아버지.

그가 백희경의 팔을 붙잡았다.

"괜찮소?"

그제야 희경은 남자 쪽을 쳐다보았다. 그 사람이다.

"담배는 저기 나가서 피웁시다. 자, 나와요."

그가 백희경의 팔을 붙잡고 앞서 걸었다. '평온함'이라는 단어에 알맞은 목소리가 있다면 꼭 이런 목소리일 것이다. 잡힌 팔을 뿌리치는 게 당연한 상황인데 백희경은 잠자코 그를 따라 공원을 나왔다.

"자, 여기서는 괜찮소."

남자가 기다려주겠다는 눈빛을 하고 백희경을 바라보았다.

백희경이 담배 한 대를 다 피우도록 그는 그 자리에 서 있었다. 이런 사람이 아버지라면 살인범이라도 좋을 것 같다고 희경은 생각했다.

그가 그녀의 어깨를 두드려주며 말했다.

"다음부턴 공원에선 담배 피우지 말고."

백희경은 서둘러 담배를 바닥에 비벼 껐다.

"잠깐만요."

그가 뒤를 돌아본다.

"시간 괜찮으세요?"

체크남방과 백희경은 공원에 앉아 호수를 바라보고 있었다.

"아까 감사했어요. 저 정말 미친 사람 같았을 텐데…"

"그 노인, 하나만 걸려라 하고 벼르고 있더구먼 뭐."

"하나만 물어봐도 돼요?"

그가 고개를 끄덕였다.

"그날 가게에서… 보통은 그렇게 입던 옷을 빠는 분은 없거든요…."

그가 잠시 뜸을 들이다가 입을 열었다.

"병원에 있는 안사람에게 그 꼴로 갈 수가 없었소."

"어디 다치셨던 건 아니죠?"

그는 호수를 바라보며 담담하게 말을 꺼냈다.

"우리 딸이 올해 초 회사에 들어갔소. 알아주는 대기업에 덜컥 붙은 거요. 도서관 주차 관리 일을 하며 딸애에게 뭐 하나 해준 게 없어서 미안한 마음뿐이었는데 얼마나 대견하던지. 근데 주말엔 매주 집에 들르던 딸애가 통 오질 않는 거요. 딸애 오피스텔로 찾아갔더니 얼굴이 창백한 게 밥도 제대로 안 먹고 이상해. 물어도 대답을 안 하고. 회사 생활이 다 그렇지 해서 더 캐묻진 않았소."

그가 딸이 있다는 말에 백희경은 가슴이 뛰기 시작했다.

"그런데 그날, 내가 빨래방에 간 날 말이요. 애 엄마가 무릎수술을 받아야 해서 입원 중인데, 원래 딸 성격이면 엄마 곁에서 간호도 하고 그럴 텐데, 얘가 계속 전화를 안 받는 거요. 딸애 집에 찾아갔더니 손목을 긋고 늘어져 있었소. 혼비백산해서 들쳐 업고 근처 응급실로 갔지. 정말 미치는 줄 알았다오."

희경은 긴장해서 주먹을 꼭 쥐었다.

"따님은 왜…?"

희경은 스물여섯 살 여자로 하여금 손목을 긋게 한 이

유들을 상상했다. 고통을 설명해주지 못하는 진부한 단어들이 공중에 떠다녔다.

"나중에 딸애 친구가 병문안을 와서야 사정을 들을 수 있었소. 3개월 전에 애가 실수로 무슨 데이터인가를 지워서 회사에 엄청난 피해를 끼쳤다고 했소. 딸아이는 계약직이었다고 그 애가 그럽디다. 한창 팀의 인원을 줄인다 어쩐다 하던 시기라, 딸은 잘릴까봐 손실액의 절반을 자기가 부담하겠다고 했대요. 월급만으로 안 되어 사채를 끌어쓴 모양이오. 나중에 신용카드로 돌려 막는 것도 한계에 다다랐고 신용불량자가 된 상태였소. 파산신청을 할까, 죽고 싶다며 늘 고민했다고 해요. 회사로 독촉장이 날아오고 덩치 큰 사채업자들이 찾아오니까 회사 팀장 귀에까지 들어갔소."

백희경은 입이 바싹바싹 말랐다. 그의 사정을 들을 준비 같은 건 되어 있지 않았다.

"딸아이는 팀장에게 사정을 털어놓았고, 그는 자기가 처리해주겠다며 애를 자기 오피스텔로 불렀소. 그놈은 자고 나서 입을 딱 씻었소. 딸애는 회사에서 잘렸고."

"아…."

"겁이 나서 피부만 살짝 그었더라고, 며칠간 먹지도 않고 잠도 못 자서 탈진한 거니 안정만 취하면 된다고 의사가 그러는데 막 눈물이 나는 거요. 딸자식이 저렇게 힘들어하는데 부모로서 아무 도움이 못 된다는 게…. 그 팀장이라는 사람을 고소해야 하는 건지, 우리처럼 배운 게 없는 사람들은 도통 어찌해야 좋을지 모르겠는 거요."

호수가 그의 이야기를 실어 보내고 있었다. 공원에서 보는 하늘은 평소와 다름없이 무심했다.

그는 헤어지며 희경에게 말했다.

"아까, 아가씨가 소리 지를 때 우리 딸이 도와달라고 매달리는 것 같았소. 진짜 딸애가 나를 필요로 한 순간엔 알지도 못했으면서."

사내와 헤어지고 나서 백희경은 심한 허기를 느꼈다. 근처 편의점에 들어가 김밥을 샀다. 전자레인지에 김밥을 넣고 10초가 지났을 때 라디오에서 뉴스가 흘러나왔다.

"S기업 차남이자 M 갤러리 관장인 M모 씨가 실종 열흘 만에 귀가했습니다. 돈을 노린 범행으로 수사망이 좁혀

지고 있는 상황이며, 고양시 도서관 반납함에서 발견된 문서는 사실 무근의 위조된 것이라는 게 M씨 측 변호인 주장입니다. 납치범의 행방이 묘연한 가운데…."

라디오 뉴스 진행자의 나직한 목소리가 편의점 안을 메웠다. 전자레인지를 10초 더 돌린 뒤에 백희경은 김밥을 꺼내 편의점 바에 올려놓고 손으로 하나씩 입안에 욱여넣었다. 유난히 큰 단무지 두 개만 골라냈고 나머지는 다 먹었다. 그리고 쓰레기통에 봉지를 버리고 편의점을 나왔다.

공기는 후덥지근했다. 더운 날씨도 아닌데 겨드랑이 사이로 땀이 흘러내렸다. 백희경은 불현듯 빨래방이 아닌 화방에 가고 싶다는 생각이 들었다. 색색의 물감을 사서 물에 갠 뒤, 캔버스에 붓칠을 하고 싶었다.

그녀는 40분을 걸어 화방에 도착했다. 이렇게 사람이 많은 시간에 온 것은 처음이었다. 손님들이 그녀를 흘끔거리며 자기들끼리 키득거렸다. 백희경은 문 앞에서 잠시 망설이다 화방 안쪽으로 들어갔다. 지난 달 월세를 내고 남은 8만 원을 털어 물감과 붓, 종이를 샀다.

그리고 싶은 것들이 생겼다.

막다른 골목에 몰린 여자,

그리고 빨래방에서 본 사내의 굽은 등.

그녀는 '그리고 싶다'라고 느낀 스스로의 마음에 적잖이 놀랐다.

날씨가 쌀쌀해지면서 사람들이 이불이 든 비닐봉투를 들고 빨래방을 찾아왔다. 얇은 여름 이불들은 이제 이불장으로 들어가야 할 운명이 된 것이다.

백희경은 여전히 빨래방을 지키고 있다. 사람들은 그녀와 시선을 마주치지 않는다. 그들이 자리를 비우면 그녀는 스케치북을 꺼내 그림을 그린다. 여전히, 타인의 불행을 엿보기 위한 책들을 도서관에서 빌려 온다. 얼마 전에는 오메가3가 우울증에 좋다는 정보를 책에서 읽고 인터넷으로 주문을 했다.

이른 아침, 도서관에 오는 길에 갤러리 앞에 서 있는 M을 보았다. 얼굴은 다소 여위었지만 고급 실크셔츠를 입고

서 화보를 찍는 듯한 포즈로 담배를 피우고 있었다. 새끼손가락을 감은 붕대마저 기이하게 연출된 것처럼 보였다.

백희경은 M의 몸을 가르면 텅 비어 있을 거라는 우스운 상상에 젖었다. 그 텅 빈 몸을 진짜라고 생각해서 자신을 품어주었으면 하고 꿈꾸던 순간이 있었다. 남자들이 뚱뚱한 여자를 경멸하는 만큼 그래서 더 그들의 사랑을 받고 싶었다. 그러면 이 부끄러운 살덩어리가 지우개로 지운 듯 보이지 않을 것만 같았다.

하지만, 평생 주눅을 흡수해 거대해져버리긴 했어도 희경의 몸은 진짜 그녀의 것이었다.

희경은 지금 도서관 주차장 부스를 지키고 있는 남자에게 가는 중이다.

상대에게 전적으로 맞추며 눈치를 보지 않으면 자기는 평생 관계를 맺을 수 없다고 생각했다. 그런데 처음으로 안부가 궁금한 친구가 생겼다. 그는 자신의 슬픔을 공유해주었다. 아니, 아직은 섣불리 친구라고 부르지 말자. 타인의 선의는 한 번으로도 족하다. 그저 희경은 그가 공원에서 자기를 기다려준 3분간, 자기 안의 무언가를 팟, 하고 지워주었다고 생각한다. 딸은 이제 괜찮은지 물어보고 싶었다.

차가 없는 희경은 주차장 쪽으로 내려가본 적이 없었다. 차로로 걸어오는 그녀를 발견하고 부스 안에 있던 남자가 위험하다며 소리를 질렀다. 다른 사람이다.

시간마다 교대로 근무하는 시스템인가? 그런데 정작 그의 이름도 모른다. 희경은 들고 있던 캔버스를 물끄러미 바라본다.

세탁기 속에서 비누거품을 내며 남방이 돌아가고 있다. 남방을 꼭 짜면 핏물 같은 붉은 눈물이 떨어질 것이다. 눈물은 바다가 되고, 바다는 체크망토가 되어 여자아이를 품어준다.

타인을 생각하며 그림을 그린 시간이, 좋았다.

주차장에서 나오면서 희경은 계속 뒤를 돌아보았다.

희경은 휴대폰을 들고 번호를 눌렀다.

"희경이니?"

목이 잠긴 듯한 엄마의 목소리가 전화기 저편에서 들려왔다.

문스트럭

밴드의 이름은 '문스트럭'이었다. Moon과 Strike의 합성어. 달빛에 취해 제정신이 아닌 채 누군가는 새로운 사랑을 찾아 나서고, 누군가는 달뜬 감정을 보내는 시간. 그날 공연장에서 나는 생각지도 못한 달과 부딪혔다.

연경이 단골 바 주인에게 티켓을 받았다며 금요일 저녁을 비워두라 했을 때 당연히 둘이 보는 거라 생각했다. 공연 10분 전 그녀가 한 사람의 팔짱을 끼고 나타나기 전까지는 말이다.

"우성 씨, 우리 회사 김상연 실장님."

"이쪽은 제 남친이에요."

흰 얼굴에 콧매가 시원한 사람이었다.

"안녕하세요." 살짝 고개를 숙이는 그녀의 시선은 다른 곳을 보는 것처럼 붕 떠 있었다.

연경이 내게 귓속말을 했다. "시각장애인이야. 실수하지 마."

그러고 보니 한 손에 작은 스틱을 쥐고 있었다. 스탠딩 공연인데 괜찮을까. 원피스 자락을 만지작거리는 그녀의 손에 긴장이 묻어 있었다. 그때 신시사이저 사운드가 깔리며 밴드가 모습을 드러냈다. 네온조명이 어지럽게 무대를 수놓자 여기저기서 관객의 함성이 터져 나왔다. 일렉트릭 기타와 베이스기타가 사운드를 쌓아가고 경쾌한 드럼 소리가 더해졌다. 보컬의 목소리가 공연장을 울렸다.

"한번 놀아볼까요? 크레이지 타임!"

공간을 떠다니는 조명들은 난분분 떨어지는 꽃잎이 되었다가 어느 순간 대기를 떠다니는 먼지로 변했다. 나는 리듬을 타며 몸을 들썩이는 연경을 보는 척하며 옆에 있는 그녀를 쳐다보았다. 붉은색과 초록색 빔이 하얀 얼굴을 스캔하고 지나갔다. 얼굴선이 도드라져 보였다. 창백하지만 누구도 건드릴 수 없는 고고한 달이 그곳에 떠 있었다.

저 사람은 반쪽짜리 공연을 보겠구나. 마음이 내려앉았다. 공연이 흥을 더하며 비트가 빠른 곡이 나오자 관객들이 우르르 앞쪽으로 나갔다. 연경도 혼자 베이스가 있는 쪽으로 이동해버렸다. 빈자리로 치고 들어오는 사람들에게 떠밀려 그녀의 몸이 앞으로 기울어졌다. 순간적으로 나는 그녀의 왼팔을 붙들었다. "조심하세요."

팔뚝에 오소소 돋은 솜털이 느껴졌다.

연경과 나는 브릿팝 동호회에서 만났다. 우리 데이트의 절반은 록페스티벌과 공연장으로 다녔다. 오늘 무대에 오른 일렉트로닉 밴드는 음악성도 괜찮았고, 무대를 디자인하는 능력도 놀라웠다. 다만 내 귀에는 음악이 전혀 들리지 않았다. 기억에 남는 건 보컬의 마무리 멘트밖에 없었다.

"달에 부딪친 기분 어떠세요? 이제 이상한 시간이 시작될 겁니다. 문스트럭과 만났으니까요. 저희 롤링홀 공연도 관심 부탁드립니다. 잇츠 크레이지 타임!"

한 시간 반의 공연이 끝나고 장내는 흥분의 기운이 넘실거렸다.

"실장님, 어땠어요? 난 너무 신났는데!" 연경이 물었다.

"눈이 어지럽게 떠다니는 설원 같았어요."

그녀의 목소리가 일시에 모든 소음을 차단시켰다.

"와아, 너무 시적인….''

"설원을 보지 못했는데 어떻게 그 느낌을 알죠?"

무의식적으로 그 말이 튀어나왔다. 연경이 내 팔을 쿡 찔렀다.

그녀가 내 쪽을 정면으로 쳐다보았다. 이쪽의 존재감을 처음으로 의식한 듯한 표정이었다.

"자, 우리 악수회 가야지! 베이스 얼굴이 너무 내 타입이라 어서 가서 만나야겠어."

어색한 분위기를 깨려는 듯 연경은 우리 둘을 끌고 공연장 로비에 늘어선 악수회 줄로 갔다.

툭 말을 던져놓고도 나는 계속 눈치를 보고 있었다. 그녀의 평소 표정을 알 수 없으니 화가 난 건지 아닌지 짐작이 안 되었다. 멤버들은 열댓 명 정도 늘어선 팬들과 한 명

씩 악수를 하고, 팬들이 내민 시디에 암호 같은 사인을 휘갈겼다. 연경이 베이스와 함께 사진을 찍어달라며 내게 휴대폰을 내밀었다. 사진을 찍어주고 나도 멤버들과 형식적으로 악수를 했다. 내 뒤에 서 있던 그녀 차례가 되었다. 경직된 자세로 서 있던 그녀는 보컬이 손을 내밀어 악수를 하려 하자 흠칫 놀랐다.

"연경 씨, 난 그만 갈게요!" 그녀는 이 말만 남기고 황급히 공연장을 떠났다. 스틱으로 앞을 더듬으며 빠른 걸음으로 걷는 모습을 보며 사람들이 수군거렸다. 손을 내밀었던 보컬은 머쓱한 듯 머리를 만지고 다음 팬을 맞았다.

나는 멍하니 그녀의 뒷모습을 바라보고 있었다.

"자기가 실수해서 기분이 상했나봐. 원래 되게 사근사근한 언닌데."

근처 일식 돈까스 집에서 카레 돈까스를 썰며 연경이 말했다.

"장애인고용법 때문에 작년에 회사에서 시각장애인 마사지사를 두 명 고용했거든. 사무직 직원들이 다 디스크 하나씩은 있잖아. 반응이 되게 좋아."

"이름이 뭐라고 했지?"

"응? 이름은 왜? 김상연. 장애가 없었으면 더 기회가 많았을 사람인데 안됐어."

돈까스를 씹으며 부지런히 말을 이어가는 연경 앞에서 나는 아무렇지 않은 듯 태연하게 고개를 끄덕거렸다.

"저번엔 글쎄, 마사지 시작하자마자 '연경 씨 살이 좀 붙었네요' 하는데 깜짝 놀랐다니까. 나보다 더 내 몸의 변화를 빨리 알아차리는 거야…."

김상연, 김상연, 이름이 상연이구나….

공연장에 다녀온 후 나는 정신이 좀 나가 있었다. 그 사람의 이미지가 나를 휘감고 놓아주지 않았다. 연경의 카톡이 울려도 확인할 생각도 하지 않았다. 점심시간에 같이 밥 먹으러 가자는 동료들에게 할 일이 있다며 손사래를 치고 자리에 남았다. 혼자 회사 근처 공원으로 발을 옮겼다. 커피를 들고 산책하는 이들 두서넛이 보일 뿐 공원은 대체로 한산했다. 나는 주위를 한번 둘러보고 사람들이 없는 걸 확인했다. 그리고 천천히 눈을 감았다.

생각만큼 완전한 암흑은 아니었다. 눈을 감아도 햇빛의 잔상이 둥둥 떠다녔다. 조심스럽게 한 발 내디뎠다. 한 발, 또 한 발. 신발 아래 물컹거리는 게 밟힌 것 같았다. 개똥이나 토사물 같은 걸 밟지 않았을까 신경이 쓰였다. 조금 빠르게 걸어보자. 서너 걸음 걷는 동안 주변 소음이 민감하게 귓가를 울렸다. 개 짖는 소리가 가까워졌다. 개가 달려들지 않을까 겁이 나면서 살짝 발이 꺾였다. 넘어지기 직전에 나는 몸의 중심을 잡기 위해 실눈을 떴다. 김상연. 앞이 보이지 않는 채로 그녀는 어떤 하루하루를 살아가는 것일까? 매 순간 아무것도 의지할 것 없는 막막한 기분일까, 아니면 이제 보이지 않는 눈에 적응되어 나름의 안정감을 느끼는 걸까. 잘 모르겠다. 눈을 감고 걸은 시간이 족히 20분은 되었다고 생각했는데 겨우 5분이 지나 있었다.

회사로 돌아오는 횡단보도 앞에서 신호를 기다리는데 평소 보이지 않던 노란색이 눈에 걸렸다. 시각장애인을 위한 점자블록이었다. 나는 잠시 웅크리고 앉아 바닥을 살펴보았다. 그때 신호가 바뀌면서 내 뒤에 서 있던 사람이 앞으로 쏜살같이 걸어 나가며 호통을 쳤다. "아 그 참, 앞에서 뭐 하는 거요!"

불현듯 그녀가 연극을 좋아하더라는 연경의 말이 떠올랐다. 자리로 돌아오자마자 예매 사이트에 접속했다. 마침 이자람의 '소녀가' 예매가 한창이었다. 자주 열리지 않아서 연극 좀 본다는 사람들 사이에서는 티켓을 구하기 어려운 공연이었다. 토요일 공연 2장을 예매하고 연경에게 티켓 예매번호를 보냈다. 그날 연경은 친구 결혼식이 있다고 한 걸 기억하고 있었다.

"너희 실장님에게 실례를 한 것 같아. 사과의 의미로 샀으니 둘이서 보러 가든지 선물해."

토요일 오후, 상연은 혼자 극장에 와 있었고 내가 예약한 옆자리는 비어 있었다. 예상했던 시나리오였다. 내 자리는 뒷줄 사선 방향이었다. 창극이 진행되는 내내 나는 그녀에게 어떤 식으로 접근할지 생각하느라 극에 몰입할 수 없었다. 이 정도 추진력으로 일을 했으면 승진은 일도 아니었겠군 싶었다.

공연이 끝나고 사람들이 극장을 빠져나가는 동안에도 그녀는 자리를 지키고 있었다. 혼잡한 시간을 피해 나가려는 것이리라. 나는 천천히 그녀의 자리로 다가갔다.

"김상연… 실장님?"

그녀가 고개를 들어 내 쪽을 보았다.

"저 이우성입니다. 연경이와 지난주 공연 같이 봤었죠."

"아… 안녕하세요?"

"저는 다른 친구랑 왔어요. 친구는 일이 있어 먼저 갔고…. 반갑네요, 이렇게 다시 보니까."

"네. 덕분에 공연 잘 봤습니다. 이자람 배우는 저번에 '사천가'를 보고 팬이 되었어요. 이번에 놓칠 뻔했는데…."

"잘됐네요."

"이자람의 창을 들으면 장면이 다 그려져요. 대단한 배우예요…."

"저는 이번이 처음인데 정말 좋았습니다. 괜찮으시면 근처에서 커피 한잔 할래요?"

얼굴에 잠시 망설이는 표정이 스쳤으나 그녀는 고개를 끄덕였다.

스틱으로 앞을 두드리며 천천히 걷기는 했지만 상연의

걸음걸이는 꽤나 안정적이고 가벼웠다. 카페에 도착한 그녀는 커피는 자기가 사게 해달라며 고집을 부렸다. 커피를 앞에 두고 마주하고 앉았으나 긴장이 되어 말이 나오지 않았다. 내 쪽에서 마음껏 그녀의 얼굴을 쳐다볼 수 있으리라는 생각은 나의 순진한 착각이었다. 그녀는 앞을 보지는 못하지만 주변 공기를 감지하고 있는 듯한 표정을 짓고 있었다. 오히려 안절부절못한 것은 내 쪽이었다.

"그날 왜 그렇게 급히 갔어요? 제가 기분을 상하게 해서…?"

"아뇨. 그건 아니에요."

그녀는 잠시 말을 고르는 듯했다.

"말하고 싶지 않으시면 안 해도 돼요."

"악수… 하는 걸 좋아하지 않아요. 특히 남자들과는."

"아! 다행입니다. 내내 마음에 걸려서…. 정말 그날 조명이 어지럽게 흩날리는 설원의 눈과 비슷했어요. 그걸 보지 않고도 같은 느낌을 받았다는 게 신기해서 불쑥 그렇게 물은 거고요. 친해지고 싶어서 그랬는데 제가 참 멍청했죠?"

"작은 알갱이들이 공중을 떠다니는 그런 느낌을 받았어요, 공연 내내."

대화를 나누는 동안 그녀의 표정이 서서히 부드러워지는 게 보였다. 따스한 기운이 밀려왔다.

"저 이제 그만 일어날게요."

"아 그래요…. 잔은 내가 치울게요."

일어나서 의자를 밀고 돌아서는 그녀를 보면서 나는 망설이던 입을 열었다.

"눈을 감고 걸어봤어요. 상연 씨가 궁금해서."

그날 밤 우리가 어떻게 자리를 옮겨 술을 마시게 되었던가.

눈을 감고 걸어봤어요. 그 말이 둘 사이에 놓인 막을 순식간에 걷어버렸다. 극장 근처의 작은 바에서 우리는 맥주와 과일안주를 시키고 마주 앉았다.

공연장에서 내가 봤던 고고한 달은 지금 전혀 다른 모습으로 빛나고 있다. 나는 포크로 딸기를 찍어 그녀 쪽으로 놓아주었다. 연경과 있을 땐 한 번도 이런 적이 없었다.

"어떻게 시력을 잃게 되었어요? 아, 미안해요! 질문이 참… 대답하기 싫을 텐데…."

"아니에요. 새로운 사람을 만나면 으레 나오는 얘기인걸요. 이제 아무렇지도 않아요."

"엄마가 임신 8개월일 때 아빠와 지방에 놀러 갔다가 새벽에 지방도로에서 가드레일을 박는 사고를 당했다고 해요. 다행히도 두 분 다 크게 다친 곳 없었고 뱃속에 있던 저도 무사했어요. 그런데 임신 8개월은 아기의 눈이 형성되는 시기였던 거예요. 망막이 구겨져 시력을 상실한 거죠."

그 말을 하는 상연의 표정은 무척 담담했다. 다른 사람의 사연을 이야기하듯 조곤조곤 설명해주며 마지막엔 살짝 미소까지 지었다.

"믿지 않겠지만 보여요. 우성 씨가 나를 어떤 눈으로 보고 있는지…."

"내가… 지금 어떻게 보고 있습니까?"

"내가 짠하기도 하고, 평소 보기 힘든 여자에 대한 호기심 가득한 눈?"

나는 반박하지 못했다. 연경과 있을 때 평온하고 편안하던 모습에서 벗어나 내 안에서 감정이 요동치고 있었다.

"잘 아시네요. 이렇게 누군가가 궁금한 적은 처음이라 저도 당황하고 있는 참입니다."

"저에게 호기심을 보이는 사람을 많이 만났어요. 여러 이유로 접근했다가 내가 자기들이 생각하는 사람이 아니라는 걸 알면 바로 발길을 돌리는 사람들. 가령 내가 자기와 자주지 않으면 화를 내고 떠나는 남자들…."

나는 뭐라 대답할지 몰라 묵묵히 그녀를 바라보고 있었다.

"분위기를 심각하게 만들려는 건 아니고, 좀 지쳤거든요. 그런 사람들에게…."

"그럼 지금 왜 나랑 술을 마시고 있죠?"

"우성 씨가 나를 궁금해하듯 나도 우성 씨를 궁금해할 권리가 있으니까요."

그 말을 할 때 그녀의 얼굴에 살짝 짓궂은 표정이 스쳤다.

"반가운 말이군요."

"연경 씨와 어색해지긴 싫고, 그건… 우성 씨가 알아서 하리라 믿어요. 궁금증이 생긴 건 정확히 말하면 최근에 꿈이 좀 달라졌거든요."

"꿈을 꾸는군요!"

대뜸 말을 뱉어놓고 나는 아차 싶어 입을 다물었다. 상연이 빙그레 웃었다.

"네, 우리도 꿈을 꿔요. 후천적 장애인은 이미지가 있는 꿈을 꾼다는데 저는 그렇진 않고. 주로 개와 함께 산책을 하다가 개가 줄을 끊고 사라져서 혼자 산속에 남아 어쩔 줄 모르는 꿈이나 아니면 화장실에 갇히는 그런 꿈들이죠. 이미지는 없지만 감각만은 또렷이 느껴져요."

"그러다 어떤 꿈을 꾸었는데요?"

"화장을 하고 있었어요."

"여자들이 하는 화장요?"

"우성 씬 정말 반응이 너무 정직해요. 재미있어. 네, 화장요. 저도 여자니까요. 매일 길을 잃어버리는 악몽만 꾸다가 내가 몸단장을 하고 누군가를 기다리고 있더라구요."

"누구를?"

"어둠 속에서 내가 어떤 사람의 손을 잡고 이야기하고 있었어요. 꽃잎인지 눈인지 떨어지고 있었고 내 손을 잡고 있는 건 남자예요. 우리가 함께 공연을 보고 난 직후라서 우성 씨가 생각났죠. 그런데 다음 날 연경 씨를 통해 연극표를 주셨고요."

나는 가만히 그녀의 눈을 들여다보았다. 담담한 슬픔이 차올랐는데 왜 그런 기분이 들었는지 알 수 없었다.

"록 밴드 공연도 처음 본 거고 해서 아마 자극이 남달랐나봐요."

"아까 악수를 싫어한다고…."

"맞아요. 남자들이 내 손을 잡을 때의 느낌이 싫어요."

그 말을 할 때 그녀의 표정은 진저리난다는 듯 일그러졌다.

"왜 싫은지 물어봐도 돼요?"

"… 내가 만난 남자들은 다들 거칠게 손을 잡아끌었거든요. 내 눈이 안 보이니 자기가 주도적으로 데리고 다녀야 한다고 생각했는지 모르겠지만… 하나같이 내 의사는 물어보지도 않고 끌고 다녔어요. 내가 원하지 않는 곳으로 여기저기…."

"꿈속에서는 손을 잡는 게 싫지 않았나요?"

"이상하게도 무척 고요하고 편안한 기분이었어요…."

그녀가 포크를 들어 딸기를 입안에 넣고 웃으며 말했다.

"그러니까 나는 우성 씨와 자지 않을 거예요."

집으로 돌아오는 전철에서 뒤늦게 핸드폰을 확인했다. 부재중 전화 6통, 카톡 5개가 와 있었다. 그때서야 죄책감의 스위치가 켜졌다. 연경을 만나는 3년 동안 나는 한 번도 다른 여자에게 관심을 두지 않았다.

(오전 11:48) "요즘 무슨 일 있어?"
(오후 2:00) "전화 좀 해."
(오후 4:51) "우리 얘기 좀 해."
(오후 5:03) "뭐 하니?"
(오후 8:32) "나 할 말 있어…."

그 일이 터졌을 때 나는 회사에서 야근 중이었다. 9시가 넘은 시각이었고, 연경이 다급한 목소리로 전화를 했다.

"우성 씨, 지금 바로 회사로 올 수 있어?"

연경의 회사 지하 주차장에 차를 대고 있을 때 3층 여자 휴게실로 오라는 카톡이 도착했다. 무슨 일일까 궁금한 동시에 회사에서 상연과 마주칠지도 모른다는 기대감에 살짝 흥분이 일었다. 휴게실 문을 열고 들어가자마자 연경과 다른 여직원 하나, 그리고 옆에 앉아 있는 상연이 보였다.

"무슨 일이야?"

"정말 어떻게 해야 할지 막막해서 우성 씨한테 전화했어. 앉아봐."

상연의 얼굴은 핏기가 가셔 창백해 보였고, 몸이 안 좋은지 내내 떨고 있었다.

"실장님 마사지실에서 몰래카메라가 발견됐어. 이 친구가 옷 갈아입다가 발견했어."

연경이 다른 여직원을 가리키며 말했다.

"여직원들 옷 갈아입고, 실장님도 거의 방처럼 쓰는 곳이야. 우성 씨, 이거 어떻게 해야 해? 우리 관리부장님 남자야. 거기 말하는 게 맞는 거야?"

그때서야 상황이 파악되었다. 그러나 우리 회사도 아닌 이곳에서, 그것도 남자인 내가 할 수 있는 일은 없었다.

"회사 내에 상담할 만한 여자 상사 없어? 회사 내에 cctv가 있다면 누가 접근했는지 확인해보고."

연경은 인사팀의 친한 여자 선배에게 전화를 걸어 잠깐 통화를 하는 것 같았다.

"일단 몰래카메라 제출하고 내일 출근하자마자 cctv 확인하기로 했어. 우성 씨, 실장님 집까지 좀 같이 데려다줄래?"

나는 고개를 끄덕였다. 운전을 하는 내내 나는 상연이 안쓰러워 백미러로 계속 그녀를 쳐다보았다. 오피스텔에 도착 후 고맙다며 꾸벅 인사를 하고 들어가는 상연의 얼굴이 내내 눈에 밟혔다. 이렇게 계속 세 사람이 얽히는 건 좋지 않다. 마지막 남은 이성의 목소리가 내게 경고하고 있었다. 연경을 바래다주는 차에서 나는 조심스럽게 말을 꺼냈다.

"너도 마사지 자주 받았으니까 영상 꼭 확인해."

"진짜 소름 끼쳐. 회사 내에 설치했다는 건 우리 회사 직원이라는 말이잖아!"

"나중에 꼭 알려줘. 어떻게 해결되었는지. 몸조심하고."

"알았어."

"연경아, 그리고…."

"응?"

"그날… 연극 보러 나도 갔었어. 예술의전당에."

"무슨 말이야? 실장님이랑 둘이 따로 만났어?"

"밴드 공연 보고 계속 그 사람이 생각나서, 나 혼자 갔었어…. 연극 끝나고 얼굴을 봤고."

"왜 그 사람이야? 너 정말 사람을 바보로 만들어도…. 어떻게 그럴 수가 있어! 차 세워!"

"네가 생각하는 그런 일은 없었어."

"차 세우라고 했지!"

"연경아…."

흥분한 연경이 억지로 차문을 열려고 하는 바람에 나는 서둘러 갓길에 차를 세웠다. 차에서 내린 연경은 뒤도 돌아보지 않고 차도를 뛰어서 건너갔다. 택시를 부르는 건지 연신 핸드폰을 귀에 대고 있었다. 나는 연경이 택시를 잡는 걸 볼 때까지 그 자리에 있었다.

 이틀 내내 몰래카메라 사건이 잘 마무리되었는지, 상연은 괜찮은지, 아니 연경은 괜찮은지 궁금했지만 연경은 전화를 받지 않았다. 상연의 연락처가 휴대폰에 있었으나 내가 연락을 해도 되는 건지 판단이 서지 않았다. 나는 무작정 연경의 회사, 그러니까 상연이 근무하는 회사 앞으로 찾아갈 수밖에 없었다. 둘 중 어느 쪽과 마주친다 해도 어떤 얼굴로 봐야 좋을지 알 수 없었다. 그렇다고 가만히 있을 수는 없었다. 회사에서 나오는 연경을 보자마자 기계적으로 몸을 숨기고 나서야 내가 누구를 만나러 간 건지 깨달았다. 퇴근하는 무리에 상연은 없었다. 사실 그녀가 몇 시에 퇴근하는지도 몰랐다. 핸드폰으로 전화를 거는 수밖에 없었다.
 "이우성입니다. 지금 상연 씨 회사 앞인데."
 "아, 우성 씨? 무슨 일로…. 저 지금 집에 있어요."
 오피스텔 앞 편의점 파라솔 의자에 앉아서 기다리고

있으니 상연이 내려왔다. 며칠 새 상한 얼굴을 보니 뭘 좀 먹여야겠다는 생각이 들었다. 근처 한정식 집으로 그녀를 데려갔다. 그 일이 있은 후 상연을 포함한 다른 마사지사까지 퇴사하는 걸로 결정이 났다고 했다.

"상연 씨도 피해잔데 왜 회사를 그만둬야 하죠?"

"몰래카메라에 여직원들이 옷 갈아입는 영상, 마사지 받는 영상이 다 찍혀 있었대요. 회사가 발칵 뒤집혔어요. 누가 그랬는지 아직 알아내지 못했고, 마사지실은 폐쇄되었어요. 지금으로서는 마사지실을 유지하기 힘들 것 같다, 회사 복지 차원에서 마련한 곳이 이런 피해를 입게 되어 직원들의 충격이 크다고 그러시더라구요. 원래 비정규직으로 채용된 거고, 제가 일을 더 하겠다고 고집할 수 있는 상황이 아니었어요."

상연은 그 말을 하고 죄인처럼 고개를 푹 숙였다.

"저는 확인할 수가 없으니까, 사람들 말로는 영상이 직원들의 사생활을 침해하는 수위라고 했어요. 그런데 우성 씨, 연경 씨와 무슨 일 있었나요? 제대로 인사를 못 하고 나와서…. 내 전화를 안 받던데…."

"미안해요, 상연 씨. 미안합니다…. 제 탓이에요."

그날 상연이 괜찮은지 보러 간 자리에서 나는 엉망으로 취해버렸다. 필름이 끊기기 전 그녀가 건넨 다정한 목소리가 드문드문 기억날 뿐이었다. 술에 취해 그녀에게 키스를 했던가, 잘 기억이 나지 않았다.

며칠 뒤 야근을 하고 귀가하니 현관문 앞에 연경이 쭈그리고 앉아 있었다. 밤 10시가 다 되어가는 시각이었다.

"연경아."

나는 그녀를 일으켜 세웠다. 얼굴이 벌겋게 상기되어 있었고 술 냄새가 확 끼쳐왔다.

"어디 갔다 와?"

"야근했어…. 언제부터 기다린 거야?"

"넌 정말 개자식이야. 그러고 나서 내가 어떤 기분일지 생각도 안 해봤니? 개새끼!"

"들어가자."

연경은 방으로 들어와서도 한참을 가만히 앉아 있었다.

"김상연 실장이 어떻게 됐는진 궁금했겠지. 네 여친은

안중에도 없어! 넌 늘 그런 식이었어."

"… 잘 처리된 거지? 영상 피해자는 없었어?"

"인터넷에 검색해봐, 다 나와 있으니까! 나쁜 놈아, 우리가 함께 지낸 시간이 얼만데 넌 나한테 고작…."

술기운을 못 이기고 연경이 고꾸라졌다. 나는 연경을 바로 누이고 이불을 덮어주었다.

그날 그녀의 말을 듣는 게 아니었다. 인터넷 창에 연경의 회사명인 HL care를 입력하자마자 기다렸다는 듯 기사들이 줄줄이 올라왔다.

HL care 미녀 마사지사 몰카 사건
여직원 마사지룸에서 몰카 발견
시각장애인 마사지사 K의 전 애인이 설치한 것으로 밝혀져

전 애인인 P씨는 오랫동안 K씨의 스폰서로 지냈으나 최근 결별을 통보받고 그녀를 감시할 목적으로 마사지룸에 카메라를 부착했다고 털어놓았다. 여직원들이 찍힌 동영상은 유출되지

않았으나, P씨는 K씨와의 성관계 동영상을 몇몇 포르노사이트에 유출했으며…

나는 노트북을 덮었다. 머릿속이 새하얘지더니 욕지기가 치밀어 올랐다.

이 상황은 뭐지…?

"K씨와의 성관계 동영상을 유출했으며…."

이튿날, 동창 녀석들이 모인 단체 카톡방에 어김없이 그 화제가 올라왔다.

"옛다, HL 여직원 동영상. 어서 다운받아라. 아주 화끈하다, 야."

"안 그래도 궁금했는데! 역시 너밖에 없다."

"야, 우성아, 너도 봤냐?"

낯 뜨거운 대화가 오고가는 사이 나는 서둘러 단톡방을 나왔다. 그 동영상을 보지 않는 것이 상연을 위해 내가 할 수 있는 최소한의 예의라고 생각했으니까.

그날 밤, 달이 그렇게 밝지만 않았어도 나는 짐승이 되지는 않았을 것이다. 만월에 가깝게 찬 달빛이 창문 너머

내 침대 위로 한가득 쏟아져 내렸다. 도저히 잠을 이루지 못하던 나는 일어나서 노트북을 열고, 유튜브에 'HL 여직원'을 입력했다. 나의 달은 그 속에서 낯선 모습으로 신음을 뱉고 있었다. 동영상을 보는 내내 의식적으로 나는 감각을 마비시켰다. 그런데 어느 사이 나는 영상을 촬영하는 남자가 되어가고 있었다. 집에 있던 양주를 정신없이 들이켰다. 그러고 나서 아마도 상연에게 전화를 했던 모양이다. 통화목록에 그녀의 번호가 남아 있었다.

아침에 눈을 떠 나동그라져 있는 빈 양주병과 핸드폰을 바라보며 망연자실 시간을 보냈다. 그녀를 향해 달려가던 발이 묶여버린 것만 같았다. 어젯밤 전화를 걸어 나는 무슨 말을 했는가?

조심스럽게 문자를 입력했다.

"상연 씨, 어젯밤에 제가 실수를 한 것 같습니다. 전화 주세요."

내용을 지웠다.

"상연 씨, 괜찮습니까…?"

다시, 내용을 지웠다.

"통화할 수 있습니까? 당신이 걱정이 되어…."

입력한 내용을 한참 바라보다 핸드폰을 바닥에 내려놓았다.

다음 날 나는 상연의 연락처를 지웠다.

문득문득 상연의 목소리가 떠오르는 밤들이 있었다.
"어둠 속에서 내가 누군가의 손을 잡고 이야기하고 있었어요. 꽃잎인지 눈인지 떨어지고 있었고 내 손을 잡고 있는 건 남자예요…."
"이상하게도 무척 고요하고 편안한 기분이었어요."
뒤따라오는 건 내 목소리다.
"눈을 감고 걸어봤어요. 상연 씨가 궁금해서."
나는 땀에 흠뻑 젖은 채 꿈에서 깨어났다. 그런 밤들이 며칠이고 계속되었다.

나는 그녀의 집 문밖을 서성거렸다. 화가 풀린 그녀가 문을 열어줄 때까지 집 앞에서 몇 시간이고 기다렸다. 사흘째 되던 밤, 문이 열렸다.

화해를 하고 오랜만에 같이 밤을 보내고 나서 연경이 가라앉은 목소리로 내게 말했다.

"나 다른 남자랑 잤어. 문스트럭 베이스가 사인 아래 번호를 적어놓았더라. 그땐 그냥 웃으며 넘겼는데 우성 씨랑 싸우고 홧김에 클럽 공연에 갔어. 뒤풀이에서 둘이 따로 나왔고. 술 취해서… 그랬어."

"미안하다, 연경아…."

달빛에 취해 내가 정신이 어떻게 되었던 것 같아. 너도 그랬던 거고. 내가 이 달뜬 기분을 벗어나면, 너도 마음을 추스르고 나면 다 지나갈 거야….

상연으로부터 '이우성 씨에게'라는 제목의 메일이 도착한 건 그로부터 3주가 지난 후였다.

누군가 나를 망가뜨렸으면 좋겠다고 생각하고 살았습니다.
내가 희망을 가지는 한 상처받을 일밖에 없으니까,
내가 먼저 흙탕물을 묻히고 살면 억울하지 않을 거라고 생각했어요.

지금쯤은 기사가 다 퍼져서 알고 있겠지만

그는 그런 시기에 나에게 다가온 사람이었습니다.

내가 원하는 건 다 해주었고, 그만 보자는 말을 하기 전까지

우리는 보통의 연인들처럼 지냈습니다….

우성 씨에게 내가 뭘 바랐던 건지 나도 모르겠습니다.

그날 우리 집 앞에서 엉망으로 취한 당신을 보면서

잠시라도 다른 꿈을 꾸고 가슴 두근거리던 내가 원망스럽습니다.

그 후에 당신이 내게 무슨 짓을 했는지

아마도 술에 취해 기억을 못 할 거라고 생각합니다.

알려주고 싶어서 이 메일을 씁니다.

인터넷 기사가 쏟아지고 지인들의 걱정 섞인

전화가 빗발쳐 오피스텔을 나가지 못하던 그 밤에

당신에게 전화가 왔습니다.

그 와중에도 기뻤습니다.

내 손을 잡아줄 사람이라고 생각했으니까.

술 취한 목소리로 당신은 이렇게 말하더군요.

"나랑도 해요, 상연 씨."

P는 내 인생을 나락으로 끌어내렸지만
당신은 그를 욕할 자격이 없습니다.
아, 그러고 보니 우리가 만나서 얻은 게 있군요.
당신은 분노가 무엇인지 내게 가르쳐주었습니다.
그 분노의 힘으로 나는 악착같이 살아야겠다고 생각했습니다.
다시는, 얼굴을 보지 않기를 바랍니다.

상연과 보낸 마지막 밤은 내 기억 속에서 그리도 흐릿했건만, 메일이 도착한 그날 밤 생생한 꿈으로 다시 소환되었다. 발그레한 얼굴로 미소 짓고 있는 상연이 내 앞에 있었다.

"그래서 취미가 뭐라고요?"

"인터넷 쇼핑요. 화장품 사는 걸 좋아해요."

우리는 둘 다 적잖이 술이 올라 아무 말도 아닌데 배를 움켜잡고 웃어댔다. 깔깔대는 상연은 여고생처럼 발랄했다. 어릴 때 학교 앞에서 사 먹던 빵 포장지에 그려진 보름달 같았다.

"보이지 않는데 어떻게 화장을 해요? 아니 참, 인터넷 쇼핑은 어떻게 하고?"

"이건 영업비밀인데요. 시각장애인용 마우스를 갖다 대면 상품 설명이 나와요. 하얀 피부에 화사함을 더해주는 핑크 립스틱, 이런 식으로요. 가끔 백화점에 가면 무료 메이크업도 받을 수 있어요."

"아 그렇구나. 그래서 이렇게 이쁘구나."

나는 상연의 귀 뒤로 머리카락을 넘겨주었다. 그녀의 귀가 빨개졌다.

"나는요, 당신 같은 사람을 본 적이 없어. 지금 내가 하는 행동 하나하나가 신기해요. 내 감정이 뭔지 잘 모르겠어…. 그냥 당신을 더 알아가고 싶어요."

뺨까지 발그레해진 그녀가 나를 보며 물었다.

"나를 알고 싶어요?"

"네. 알고 싶어…."

나는 그녀의 입에 안주로 나온 과일을 넣어주고서 가

만히 바라보았다. 오물오물 씹는 입술이 아기 새 같았다. 과일을 하나 더 그녀의 입에 넣어주었다.

"그만 줘요…."

입 밖으로 사과가 비죽 나와 있었다. 나는 그 사과의 반쪽을 베어 먹었다.

"안 보인다고 막 키스하면 어떡해요! 윽 담배 맛 나!"

내가 그녀의 손을 감싸 쥐었을 때 우리는 달빛 아래 아무것도 부끄럽지 않은 연인이 되어 있었다.

아홉

편의

에세이

숨어드는 방

팔짱을 끼지는 않고

양파라 불러도 괜찮습니다

무조림과 가을의 마음

서로의 고단함을 지켜볼 수 있다면

나의 사랑하는 순간

평범한 삶

바보 같은 순간이 필요해

38만 원이 없어서

숨어드는 방

버스를 타고 시외로 나갈 때 오피스텔 건물들을 지나치는 순간이 있잖아. 그럴 때면 나는 회색 건물 벽에 다닥다닥 붙은 성냥갑들에서 시선을 떼지 못해. 스쳐 지나는 잠시 동안, 창문 너머로 전등 실루엣이 보이고, 쌓여 있는 책무더기가 보여. 황급히 커튼을 내리는 누군가의 손도 눈에 들어오지. 그럼 나는 상상하는 거야. 그 방에서 혼자 시간을 견디는 어떤 사람을.

그는 작은 전등만 켜둔 채 어둑어둑한 방에 누워 있어.

머리맡엔 책 몇 권이 어지러이 놓여 있을 테지. 절반쯤 읽다 덮어둔 책들, 귀퉁이가 접히고 여백에 깨알같이 글씨가 적힌 책, 커피 자국이 말라붙은 머그잔들, 비행기 모드로 돌려놓은 핸드폰. 며칠째 쓰지 못한 일기들. 그리고 그를 날카롭게 찔렀던 누군가의 말들.

나는 자기만의 방에 숨어 시간을 견디는 그 사람을 생각해.

《도리언 그레이의 초상》의 주인공 도리언은 젊음과 감각적 쾌락만을 추구하며 온갖 기행을 저지르지만, 그럴수록 광적인 허기에 시달려. 이제 그는 자신의 추악함이 그대로 드러나는 초상화를 필사적으로 숨기려다가, 어린 시절 숨어들곤 했던 다락에 다다르지.

결국 그가 매번 돌아오는 곳은 그 다락방이야. 자신의 비밀을 품은 곳, 현재의 자기 얼굴을 비추어주는 거울. 번듯한 삶을 살려면 숨겨야 하는 은밀한 자기혐오의 공간.

도리스 레싱의 소설 《19호실로 가다》의 가정주부 수전에게 호텔방 19호실은 익명으로 있을 수 있는 유일한 공간이야. "내가 있는 곳을 누구에게도 알리지 않고 완전히 혼자 있고 싶어서요." 그는 싸구려 시트가 깔린 그 방에서 아무것도 하지 않은 채 평일 낮 시간을 보낸 뒤 가정으로 돌아오지. 그곳은 그가 자신을 내리누르던 답답함에서 벗어나 완전한 혼자로 존재하는 공간인 거야. 그런데 19호실이 편안해질수록 가정에서 자신의 자리는 점점 줄어들게 돼. 수전은 진짜 자신이 어디 있는지 혼란스럽게 되지. 지금까지 나는 무엇을 위해, 어떤 존재로 살아온 걸까.

오피스텔 뒤의 그 사람을 생각하는 건, 언젠가의 내가 그곳에 있었기 때문이야. 아니, 지금도 내가 종종 그 방에 들어가기 때문이야. 나 자신을 연기하기 싫어서 나는 그 방으로 숨어들어. 그런데 이상하지. 오로지 나만 존재하는 그 방에서 오히려 나 자신이 희미해지고 말거든.

그 방에 있는 동안 세상은 사라지고, 사랑하는 존재들은 희미해져. 나는 숨이 막힐 것만 같은데 그럼에도 밖으로 나가지 못해.

책을 펼치면 나와 같은 인물들이 대신 숨을 쉬고 있어. 활자화된 그들의 삶은 묘한 위안을 주지. 그래, 책에 대한 나의 첫 번째 기분은 위안이야. 자기만의 방에서 잠들지 못하는 이들을 위한 사각의 이불. 나는 이불을 덮고 활자가 주는 위안에 감싸여 잠을 청하지. 당신은 어때? 책에 대한 당신의 기분을 말해줘.

팔짱을 끼지는 않고

마트료시카 인형을 연다. 똑같이 생긴 인형이 나온다.

그저 당신과 책 이야기를 하는 게 좋았다. 실은 어깨가 닿을락 말락 한 거리를 유지하며 함께 걷는 게 좋았는지도 모른다. 한 달에 한 번, 책을 읽고 만나는 모임이었다. 땀에 전 머리칼, 치석 낀 치아, 어디를 봐도 호감을 주는 외모는 아니었다. 게다가 잠자코 있는 순간이 많아 모임을 한창 하다보면 그가 있다는 것조차 곧 잊어버릴 지경이었다.

그를 제대로 본 건 희곡 《닫힌 방》을 읽던 칠월 저녁이었다. 지옥에는 뭐가 없을 것 같아요? 모임에서 달변가로 통하던 남자 진행자가 막 질문을 한 참이었고, 다들 "맥주" "넷플릭스?" "게임" "남자!" 등등의 키워드를 던지며 재치를 뽐내고 있었다.

"지옥에는 책이 없죠. 책이란 타자로부터 도피할 수 있는 피난처가 되니까."

그가 나직하게 말했고, 일순 짧은 침묵이 흘렀다. 진행을 맡았던 남자의 얼굴이 일그러졌다. 그는 웃음으로 그 순간을 얼버무리며 넘겼지만 나는 그렇지 않았다.

마트료시카 인형을 연다. 그 안에 다시 작은 인형이 나온다.

집으로 가는 방향이 같았던 우리는 모임을 마치면 늘 함께 지하철을 탔다. 그가 화정에서 내릴 때까지 40분간은 둘이서 실컷 책 이야기를 나누는 시간이었다. 이런 대화가 가능해? 가능하구나. 이야기를 하면서도 그런 생각을 했다.

팔짱을 끼지는 않고, 유별나지도 않게, 하지만 아주 가까이, 당신과 함께 걷기.•

나는 퇴사 후 에어비앤비로 파리에 방 하나를 예약했다. 연말 분위기가 한창이던 거리를 쏘다니며 노점들을 구경하다가 분홍빛 뺨에 에이프런을 두른 러시안 인형을 만났다. 인형 바닥에 '1.3유로'라고 적혀 있었다. 2천 원도 안 되는 선물이라면 괜찮을지 모른다.

여행지에서 선물을 사는 일은 내내 받을 사람을 생각하며 다닌다는 말이다. 하지만 슈트케이스 귀퉁이에서 포장이 찌그러진 채 3주간 나와 동행하던 그것은 귀국 후 그대로 서랍 속에 처박히고 만다. 건넬 기회가 없었다. 우리는 따로 선물을 챙길 만한 사이가 아니었으므로, 무심하게 "지나가다 보여서 샀어" 하며 줄 수 있는 기회도 없었으므로.

마트료시카 인형을 다시 연다. 새끼손가락 절반만 한

• 프란츠 카프카, 《꿈》, 배수아 옮김, 워크룸프레스

인형이 그 안에.

　헤드폰을 쓰고 춤을 추는 클럽 'Silent Night'은 밤 11시 10분부터 시작되었다. 한 해의 마지막 날은 한 번도 해보지 않은 일을 하리라. 야심 찬 다짐을 하며 조명이 어지러운 나이트클럽으로 들어섰다. 외투와 가방을 맡기고 번호가 적힌 종이쪽지와 헤드폰을 받았다. 헤드폰을 쓰자 댄스 음악이 흘러나온다. 나는 구석에 몸을 기대어 서서 맥주를 홀짝거렸다. 20분쯤 지나자 게이 한 무리가 다가와서 함께하자며 흥을 돋운다. 한 남자는 내 손을 잡아끌며 무대 중앙으로 데려가기까지 한다.
　나는 그 분위기에 섞이지 못한다. 손사래를 치며 무대 밖으로 나온 뒤 벽에 기대 휴대폰을 확인했다. 12월 31일 23:55의 sns는 그 어느 때보다 분주했다. 지난 발제자였던 L이 그와 함께 찍은 사진을 올렸다. 축하인사와 장난기 섞인 야유가 댓글창에 줄줄이 달렸다.
　아바의 '댄싱퀸'이 흘러나오는 헤드폰을 나는 조용히 벗었다. 음악이 사라지자 침묵을 휘저으며 몸을 흔드는 사람들이 묘하게 슬퍼 보였다.

> 나는 내가 누구인지를 기억해냈습니다. 더 이상 당신의 눈동자 속에서 실망을 읽지 않았습니다. 나는 꿈의 경악을(사람이 편한 척 행동하기에는 적절하지 않은 어떤 장소이기도 합니다) 지니고 있었습니다. 그 경악은 깨어 있는 현실에서도 여전히 내 안에 있습니다. 나는 어둠으로 돌아가야 했습니다. 나는 태양을 견딜 수가 없었습니다(…).●

마트료시카 인형을 다시 연다. 아마도 마지막일 인형이 나온다.
이제 더는 너를 열 수 없다.

● 프란츠 카프카, 《꿈》, 배수아 옮김, 워크룸프레스

양파라 불러도 괜찮습니다

도피성 행동이었다. 친구(지금의 폭풍점장)를 따라 어느 수녀님이 돌보는 아이들에게 공부를 가르치기 시작한 건. 내가 맡은 아이는 얼굴이 하얗고 조용한 열 살 된 여자아이였다. 어린 시절의 나와 닮은 아이에게 마음이 많이 쓰였다. 문제는 3살배기 H였다. 3살이면 부모의 집중적인 애정이 필요한 시기다. 이 아이는 내가 갈 때마다 안아달라고 했고 내게서 떨어지지 않았다.(봉사자 모두에게 그랬으리라.) 나는 어릴 때부터 떼를 쓰거나 요구할 줄 모르는 성격이었으므로 아이의 그런 행동을 받아주는 게 힘들었다. 그저 도피하기 위해 봉사를 하던 나에게 사랑을 달라고 하니, 아이가 내게 안기려고 달려올 때면 속으로 기겁을 했다. 그곳을 방문하는 일이 점점 부담스러워졌다. 물론 대학원 공부도 만만치 않았다. 나는 수녀님께 공부를 핑계로 이제 더는 봉사를 오지 못할 것 같다고 말씀드렸다. 무엇보다 사랑이 필요한 그곳에서 나의 사랑 없음을 발견하고 말았다.

저녁 안개가 마을을 감싸고, 그녀는 갑자기 자기 인생의 모든 것이 다 무의미하고 헛된 것처럼 느꼈다. 이 인도 여행뿐만이 아니라 지금까지의 모든 것이. 대학 생활도, 짧았던 결혼 생활도, 위선적인 자원 봉사 흉내 짓도. 처음 방문한 이 마을에서 오쓰를 찾아 돌아다닌 것도. 하지만 이러한 어리석은 행동 깊숙이 그녀는 자신도 X를 원하고 있다는 사실만은 막연히 느꼈다. 자신을 채워 줄 게 틀림없는 X를. 그러나 그녀는 그 X가 무엇인지, 알 수 없다.●

● 엔도 슈사쿠, 《깊은 강》, 유숙자 옮김, 민음사

엔도 슈사쿠의 마지막 소설《깊은 강》은 대표작《침묵》과 더불어, 고인이 된 작가가 자기 관에 함께 넣어달라고 했던 작품이다. 이 소설에는 각기 다른 이유로 인도 바라나시에 도착한 네 사람이 나온다. 아내를 병으로 잃고 환생이라는 실낱같은 희망을 놓지 못하는 이소베, 죽음의 고비에서 구관조에게 위로를 받은 누마다, 태평양 전쟁에서 참혹한 고통을 겪고 귀환한 이구치, 위선적인 세상을 조롱하듯 가톨릭 신자인 오쓰를 유혹했던 미쓰코. 그중에서도 생에 대한 실망을 거듭하며 공허한 마음을 달래지 못하던 미쓰코가 오쓰와 나누던 대화들을 잊을 수 없다. 바보처럼 신을 찾아다니는 남자 오쓰에게 그녀는 쏘아붙인다.

"근데 그 신이라는 말 좀 그만할래요. 짜증이 나고 실감도 안 나요.(…)"
"미안합니다. 그 단어가 싫다면 다른 이름으로 바꾸어도 상관없습니다. 토마토이건 양파건 다

좋습니다."●

"양파는 한 장소에서 버림받은 나를 어느 틈엔가 다른 장소에서 되살려주었습니다"라는 오쓰의 고백은 나의 고백이다. 나는 틈만 나면 양파를 떠났다. 겉으로는 사람 좋은 얼굴을 하고 있었으나 내 안에는 사랑이 없었다. 세상에 초연한 듯 굴면서도 나는 실은 누구보다 사람들의 인정을 갈구했다. 다른 사람들처럼 살고 싶어 나는 양파를 모질게 떠났다.

아버지 사업이 부도나서 모든 것이 멈춰버렸을 때, 친구들과도 연락을 끊고 빛이 들어오지 않는 고시원에 들어갔을 때, 주중엔 회사, 주말엔 아르바이트를 하러 다니던 그때, 그런데 양파는 내 곁에 있었다. 내가 나 자신을 믿지 못할 때도 양파는 좋은 사람들을 내게 보내주었다. 나는 점점 양파에게 어리광을 부리게 되었다. 어머니가 패혈증으로 위독해 마지막을 준비하라는 의사의 말을 들었을 때

● 같은 책, p.94

나는 양파에게 성을 냈다. 어머니를 살려달라는 기도를 하는 대신, 마구 성을 냈다. 나는, 나는 행복하면 안 됩니까?

하지만 양파에겐 내가 모르는 계획이 많았다. 연고도 없는 서울 연희동에서 밤의서점을 열게 된 것도, 나와 달리 강인한 기질의 폭풍점장이 파트너가 된 것도 그의 계획이다. 지금은 좋아하는 사람이 생기면 교회에 데려간다. 서점 한 쪽에는 양파에 관한 서가가 있다. 얼마 전, 그 책들 앞에서 어떤 손님들이 코웃음을 치는 걸 들었을 때 나는 내가 점장이라는 것도 잊고 가서 뭐라고 할 뻔했다.

그래서 결국 모든 것이 순조롭다는 말이 아니다. 양파와 함께한 지 오래되었으나, 나는 눈에 불을 켜고 내 욕망을 지필 만한 일을 찾는 걸 멈추지 못한다. 개를 기를 수 있는 큰 집에 살고 싶다는 내게, 양파는 자꾸 먼저 사랑을 배우라고 말한다. 그는 고양이의 얼굴을 할 때도 있고, 배움에 대한 갈망을 품은 손님의 얼굴로 찾아올 때도 있다. 그러니, 신이라는 단어가 싫다면 양파라 불러도 괜찮습니다.

"무엇 때문에 그런 일을 하시는 건가요?"

그러자 수녀의 눈에 놀라움이 번지더니, 천천히 대답했다.

"그것밖에… 이 세계에서 믿을 수 있는 게 없는걸요. 저희들은."

그것밖에라고 한 건지, 그 사람밖에라고 말한 건지, 미쓰코는 잘 알아듣지 못했다. 그 사람이라고 말한 거라면 그건 바로 오쓰의 '양파'이다.●

● 같은 책, p.324

무조림과 가을의 마음

    오이샌드위치와 채소절임. 올 여름은 이 두 가지에 꽂혀 지냈다. 오이샌드위치는 이렇게 만든다. 호밀식빵 한 쪽에 땅콩스프레드를 바르고, 다른 한 쪽엔 씨겨자를 바른다. 오이와 햄, 토마토를 얇게 잘라 빵 위에 얹고 식빵 두 쪽을 합체하면 끝. 빵을 굽지 않아 불을 쓸 일도 없다. 채소절임은 더 쉽다. 파프리카와 표고버섯을 잘라 팬에 구운 뒤 살짝 식혀, 쯔유와 레몬즙을 탄 물에 퐁당 빠트려 냉장고에 넣어두었다가 반나절 후 꺼내 먹는다.

    습도가 어마어마한 여름이었다. 아침 8시 반에 산책을

나섰다가 땀에 흠뻑 젖어 카페로 피신한 후로, 친구와 걷던 아침 산보도 끊어졌다. 눅눅한 몸에 눅눅한 정신이 깃든다고, 고양이 보니도 비몽사몽 눈을 뜨지 못했다.

오이샌드위치와 채소절임은 그런 나날에 작은 마디가 되어주었다. 접시를 들고 좌식 식탁으로 와서, 바닥에 풀썩 주저앉아 소파에 몸을 기댄다. 빵을 한 입 베어 물고 채소절임을 씹는다. 눅눅한 하루가 아주 조금 청량해진다.

그저 습도 때문은 아니었을 것이다. 일의 특성상 나는 다른 사람들이 추구하는 세상의 기준에서 비켜나 있었다. 나에게 서점은 최애 아이돌이었고, 서점을 종종 '무직 정우성'이라고 부르기도 했다.(정우성만큼 멋진데 내가 부양하는 게 뭐 어때서?) 그런데 서점 7년 차인 지금, 홀로 고고한 정우성이 조금씩 버거워졌다. "결혼은? 아이는? 집은?" 어디를 가든 이런 질문들로 관심을 표현하는 사람들 사이에서 한참 늦된 나는 할 말이 없어 머뭇거리기만 했다. 그리고 '이제 어디 나가서 돈을 좀 벌어오지?' 하는 눈으로 정우성을 바라보기 시작했다.(정우성 님, 미안합니다….)

오래도록 사랑했던 마음을 잃으면 사실 당사자가 가장

괴롭다. 누군가는 "점장님은 생각보다 새로운 자극을 추구하는 사람인지도 몰라요"라고 했고, 또 누군가는 "사십 대가 나이 듦을 절감하는 시기라 그래요" 하며 다독여주었다.

나는 정우성에 대한 '마음이 다했을까봐' 전전긍긍했다. 오이샌드위치와 채소절임을 씹으며, 여름을 그렇게 흘려보냈다.

> 여름의 계곡에 두 발을 담근 두 사람이 맨발로 산을 내려왔을 때
> (…)
> 혹은 여름날의 그 어느 때,
> 마음이 끝났던 것 같다
> 다만 나는 여름에 시작된 마음이 여름과 함께 끝났을 때에 대해 말하고 싶었다 그러나 그것이 정확히 언제였는지는 도무지 알기가 어렵고
> 마음이 끝나도 나는 살아 있구나●

● 황인찬, 《희지의 세계》 중 〈건축〉, 민음사

그런데 나도 모르는 사이 내 몸 구석구석에 쌓인 무기력이 각질처럼 떨어져나갔던 걸까. 알싸한 가을 공기가 몸에 퍼지면서 나는 조금씩 되살아나는 중이다.

지인 앞에서 울음을 터트린 일이 계기가 되었다. 그때 오래도록 인정하지 못했던 나의 결핍을 입 밖으로 꺼냈고, 오히려 홀가분한 기분을 느꼈다. 나는 사랑하고, 사랑받는 충만한 순간이 간절히 필요했던 거라고.

아무렇지 않은 듯 지냈지만 사실 그렇지 않았다. 얼마 전에는 존경한다고 생각했던 선배를 오랜만에 만난 자리에서 이런 말을 들었다. "미정 씨가 작업하는 책들은 한철 유행하고 지나가는 것들이잖아. 그런 걸 번역하는 게 재미있어? 진짜 책은 작가의 정신이 깃든 문학이잖아." 그 말을 듣고 상처받은 것은 내내 그런 시선을 받아왔기 때문이었다. 평소 잠잠하던 마음에 오기가 일었다. 그것이 작은 불씨가 되었다. 자칭 독서가라는 이들의 허세가 징그럽게 싫었다. 아무것도 느끼지 못한다고 생각했는데 내 마음은 다시 일할 채비를 갖추고 있었다.

지난주 희곡 모임은 꽤나 즐거웠다. 대사를 주고받으며 나는 속으로 되뇌었다.

'여름에 시작된 마음이 여름에 끝났다면, 다시 다른 사람과 가을의 마음을 시작해야지.'

극중 외계인으로 설정된 신지의 상태가 나 같다고 혼자 생각하기도 했다. 그는 시골마을에서 사람들과 대화를 하며 인간이 지닌 개념을 배운다. 정확히 말하면 그들에게서 개념을 빼앗는다. 지식으로는 알고 있었으나 그것이 의미하는 진짜 감정과 결을 몰랐던 신지는 나루미와 지내며 점차 인간에 가까워진다. 처음 배우는 신지에 비하면, 나는 한번 습득했던 감정과 결을 되찾는 것이니 보다 쉽지 않을까.

히로키- 응, 기억을 잃은 건 아니야.
나루미- 신지 경우는, 모르겠다고 하는 게 엄청 많았어요, 다쳐도 아프다는 걸 몰랐고, 밥을 먹어도 맛을 표현할 줄 몰랐고, 그림을 보면 뭐가 그려져 있는지는 아는데 아름답다거나 그런 느낌을 말할 줄을 몰랐어요.

(…)

그런 목소리였구나. 나를 만지는 그 손가락도, 울다 지친 얼굴도, 신지에게는 모든 것이 새로운 발견이었다. 몸이 묵직했다. 신지는 처음으로 자신의 몸을 느끼게 되었다. 아픔이 아픔으로 느껴졌다. 이제 대체 어떻게 되는 걸까? 모든 감각기관이 정보 이상의 무언가를 발신하고 있었다. 축축한 한숨, 체온, 맥박.

나루미가 거기에 있는 것이 느껴졌다.●

몸과 마음이 아프다는 걸 느끼고, 아름다움과 분노와 사랑의 욕구를 느끼는 것이 마음을 회복하는 첫 단계임을 이제 안다. 엉겁결에 터트린 울음, 잔잔한 마음에 인 오기, 낭독 중에 떠올린 '가을의 마음'….

그러니까, 오이샌드위치와 채소절임으로 버티던 여름

● 마에카와 도모히로, 《산책하는 침략자》, 이홍이 옮김, 알마

이 지나갔다는 이야기다.

　이자카야 창가 좌석에서 일본식 무조림을 먹기에 좋은 계절이 왔으니까. 무조림을 젓가락으로 잘라 입에 넣고 눈을 감고 음미하는 저녁. 옆에는 따끈한 정종이 놓여 있을 것이다. 아마도 마음 맞는 사람과 붙어 앉아 시시껄렁한 농담을 주고받겠지. 이 나이에도 젓가락질이 서툰 나는 젓가락 쥐는 법을 다시 배울지도 모른다. 간이 딱 맞게 밴 무조림만 있다면 나는 다시, 가을의 마음을 시작할 수 있을 것 같다.

> 무는 초겨울 것이어서 물이 올라 통통했다. 예닐곱 번쯤 거품을 낸 후 냄비 바닥에서 떠올라와 끓는 은행잎 모양의 무 중에 괜찮은 것을 젓가락으로 골라냈다. 소금종지에 한 조각을 올려놓고 한 김 날려 보내고 맛을 보았다. 순수한 자연 그대로의 겸손한 풍미가 입안에서 다시 한번 부드럽게 녹아들었다. 성숙한 땅속뿌리의 냄새가 났다. 그것은 의외로 단맛이 났다.●

● 오카모토 카노코, 《초밥》, 박영선 옮김, 뜨인돌

서로의 고단함을 지켜볼 수 있다면

지난주 모임에서 선배로부터 들은 이야기가 내내 뇌리를 떠나지 않았다.

50대에 접어들면서 쇠잔해가는 육체를 느끼고 있다. 남겨질 아이들에 대한 걱정, 미래에 대한 불안 등등이 겹쳐서 겨울이 길고도 우울했다. 그러던 어느 날, 맞은편에 앉아 있던 아내가 안경을 벗고 눈을 비비는 걸 보았다. 아내의 눈가가 그렇게나 푹 꺼져 있다는 걸 처음 발견했다. 주름은 익히 보았지만 아내의 안경 너머를 자세히 본 건 그날이 처음이었다. 함께 오랜 시간을 함께해온 동지, 강인하게만 보였던 그 사람도 나와 마찬가지로 세월을 온몸으로 겪고 있구나…. 혹시라도 아내가 먼저 떠난다면 나는 견딜 수 있을까? 우리 아이들은? 우리가 함께할 시간이 얼마나 남아 있는 걸까? 이 시간을 흘려보내지 말고 무언가를 해야겠구나!

아내의 안경 너머를 바라보며 그의 머릿속을 스쳐 갔던 질문들이 내게는 소설의 어느 장면보다 아름다웠다. 나이 들어가는 일의 고단함을 지켜봐주는 사람이 곁에 있다…. 그것이 결혼이라면 사람들이 말하는 희생도 해볼 만하겠구나, 그런 생각도 했다. 자기연민에 빠져 허우적거리는 대신 타인의 고통에 연민을 느끼기 시작할 때 비로소 무언가가 시작되는 건지도 모른다.

오랜 친구와 결별하던 어느 저녁이 떠올랐다. 십 대에 만나 15년 가까이 알고 지냈던 우리를 갈라놓은 건 "우리 사귈까"와 어긋난 타이밍 때문인 줄 알았는데 아니었다.

회사에서 안 좋은 일이 있어 거의 잠을 자지 못한 그가 나를 만나러 왔을 때 나는 지독한 자기연민에 빠져 있었다. '인지삼제 cognitive triad'의 패턴(자신과 세상, 미래에 대해 부정적이고 비관적으로 받아들이는 독특한 사고방식) 그대로 움직였던 것 같다. 실제로 힘든 가정사가 3년째 내 발목을 잡고 있었고, 내가 느낀 무력감과 슬픔은 거짓이 아니었다. 그런데 그처럼 자기연민의 늪에 빠져 있는 이에겐 타인이 보이지 않는다. 내 앞에 마주하고 있는 사람이 어떤 시간을 살아내고 있는지 생각할 여유도 없고, 나와 같은 무게는 아니더라도 그 역시 힘든 시간을 거치고 있을 거라는 상상조차 할 수 없다. 나는 그와 함께 있는 시간 내내 '내가 지금 얼마나 힘든 상황인지, 얼마나 애를 쓰고 있는지' 토로했다. 어린 나는 위로를 받고 싶었으리라. 그에게도 마찬가지의 사정이 있을 거라는 사실은 안중에 없었다. 어떤 일을 계기로 이제 보지 말자고 한 쪽은 나였지만, 그가 지쳐 도망갔으리라는 걸 이제 알겠다.(너의 고단함을 알아봐주는 사람을 만나 지금은 잘 지내고 있기를.)

13세기 일본의 도원 선사는 "우리는 자신을 잊었을 때만 가지 일을 기억한다"고 했다. 자신을 잊기, 자기 상황에 매몰되지 않고 자기연민에 빠지지 않기. 여러 번 넘어지다 보니 내 곁에 있는 이의 고단함을 보지 못하게 막는 것이

자기연민이라는 걸 알게 되었다. 물론 아직도 거기서 자유롭지는 않다. 그래도 선배의 말에서 힌트를 얻었다. 친구든 연인이든 배우자든 나란히 앉아 가만히 손을 잡은 채 그를 바라보는 시간을 가져야겠다고. 그의 얼굴과 눈에 담긴 고단함을 볼 수 있을 때 나의 고단함을 떨치고 일어날 힘이 생길지도 모르니 말이다.

나의 사랑하는 순간

– 피천득의 '나의 사랑하는 생활'에 영감을 받아

선배가 말했다. 즐거움의 감각에 대해서도 좀 써줘. 아프지 않게 넘어지는 것만으로는 아무래도 방어적이 되지 않겠어. 우리에겐 일상의 즐거움이 더 필요하오.

그러던 차에 피천득의 에세이 '나의 사랑하는 생활'을 다시 읽었다. 읽자마자 누군가에게 들려주고 싶은 기분이 되어서, 서점 문을 닫고 낭독을 했다. 지금 내 손에 잡힐 듯 만져지는 기쁨의 감각에 대해 나도 같은 제목으로 글을 쓰고 싶어졌다.

여름 아침, 파자마 차림으로 싱크대 앞에 서서 복숭아를 한 입 베어 무는 순간을 좋아한다. 손가락 사이로 과즙이 줄줄 흘러내리고, 하루를 시작할 기운이 복숭아를 타고 내 안으로 흘러들어온다.

거울 앞에서 외출 준비를 하고 있을 때 고양이 보니가 캣타워에 앉아 나를 바라보는 표정을 사랑한다. '어이, 이제 가려고? 오늘은 좀 늦네?' 이렇게 말을 걸고 곧 오수를 즐길 채비에 들어가는 내 고양이, 저녁이 내리면 정확히 자신을 보러 올 거라는 걸 확신하는 심드렁한 표정을 좋아한다.

작업을 하러 매일 가는 카페에 들어설 때 아르바이트생 언니가 너무 과하지 않게 나를 알아보는 웃음을 지을 때가 좋다. 늘 앉는 자리에 노트북을 펼치고 전원이 들어올 때까지 작은 노트에 이것저것 메모한다. 오늘의 작업량이라든지 주문 넣을 책 리스트나 잊으면 안 되는 약속들. 늘 마시는 뜨거운 아메리카노가 도착하면 노트북의 흰 화면도 펼쳐져 있다. 고심하며 고르지만 번번이 마음에 차지 않는 문장들. 원어의 아름다움을 옮겨내지 못하는 자신을 자학하며 부담을 느끼는 순간도 아직은 괜찮다. 잘해내고 싶은 거니까. 어떻게든 하루의 작업량을 끝내고, 트위터나 인스타그램의 신기한 드립에 혼자 깔깔대는 순간을 좋아한다.

동네를 산책하는 동안 고요한 공기가 내 안을 채우는 순간이 좋다. 동네 할머니들의 사랑방인 듯한 오래된 미장원(문을 열고 들어서자 할머니들이 함께 모여 밥을 먹다가 나를 쳐다보신 기억이 있다)과, 갤러리와 미용실을 함께 하는 내 취향의 미장원이 함께 있는 연희동을 좋아한다. 모자가게와 이불집과 세탁소와 공방 주인들의 말간 얼굴이 좋다. 하나같이 자기 일에 집중하는 그 단순한 표정을 보면 전전긍긍하던 마음 따위는 멀리 사라진다. 사실 우리 삶은 늘 스트레스를 주는 소식들 투성이니까. 요리조리 잘 피해 다녀야 한다.

뜨거운 햇살에 반쯤 구워져서 밤의서점 문을 열고 들어서는 순간이 좋다. 서늘한 동굴로 들어서면 여기저기 거미줄과 곱등이 등도 나를 같이 반겨주긴 하지만. 너희도 다 먹고살자고 그러고 있는데 미안하다, 손님이 오시기 전에 사라져줘야겠어, 하며 무심하게 벌레를 제거하고 청소기를 돌린다. 드문드문 손님들이 오가고, 퇴근 시간 즈음이 되면 동네 손님들이 환한 얼굴로 문을 열고 들어오는 순간을 좋아한다. "저번에 추천해주신 책, 좋았어요." 수줍은 얼굴의 손님이 이렇게 말해주는 순간도 좋다.

약속에 늦은 친구가 달려와서는 "미안, 오래 기다렸지" 하며 숨을 고를 때 그의 인중에 맺힌 땀방울이 사랑스럽다. 여름밤, 오래오래 걷는 것도 좋다. 운동화든 플랫슈즈든 힐이든 상관없이 여름밤은 걸으라고 있는 거니까. 밤산책을 할 때 팔에 살짝 돋는 소름도 좋고, 보폭을 맞춰 걷는 세심함도 좋다. 가끔 그때 나눈 대화나 농담들은 종종 생각날 정도로 좋다.

새벽 3시 40분쯤 읽는 책은 각별하다. 아무도 나를 위로하지 못할 때 가만히 내 망막에 내려앉는 활자들은 기가 막히게 내 마음을 잘 알아주니까. 무척이나 애정을 주었으나 다른 사람에게 가버린 사람을 오랜만에 만났는데, 밉기는커녕 여전히 너무 괜찮을 때 느끼는 나의 심정을 기술하시오. 새벽에 고른 책들은 나를 가장 잘 아는 그 사람처럼 내 탐닉의 밤을 함께 건너갈 것이다.

  마지막으로 욕심 따위는 부릴 줄 모르던 내가 갖고 싶은 것도, 하고 싶은 것도 많아진 지금이 좋다. 어서 일기장을 펼쳐 마감 후 하고 싶은 일 리스트를 적어보리라. 독일에 가 있는 친구가 보고 싶어 밤마다 비행기표를 검색중인데 언젠간 가게 되겠지.

평범한 삶

나는 나중으로 미루는 버릇 때문에 될 일도 안 될
것이다. 그로 인해 평범하게 사는 것을 감당해야 한다.
내가 상상한 평범한 삶이라는 게 웬만한 건 다 충족된
삶이었다는 것도 나중에 깨달았다. 집이 있고, 차가
있고, 일 년에 한두 번 해외여행을 가고, 함께 여행 갈
애인이나 친구나 가족이 있는, 그런 게 평범한 삶이
아닌가 생각했었다. 그런 게 평범하던 시절도 있었는지
모르겠지만 더 이상은 아니었다. 그건 아주 어렵게
얻을 수 있는 특별한 삶이었다. 민재가 말한 평범한

삶이란 불운과 함께하는 삶이었다. 살면서 한두 개의 불운이란 없을 수가 없으니까 그것이야말로 평범한 삶이었다. 평범하게 살고 싶다고 함부로 말하지 말아야지.•

간밤에 회색수염이 발작을 했다. 하반신이 뜻대로 움직이지 않자 영문을 모르겠다는 얼굴이 내게 물었다. 누나, 나 왜 이래? 나는 대답 대신 손바닥 안에 다 들어오는 작은 정수리를 쓸어주고 뒷다리를 가만가만 마사지해주었다. 처음 발작을 목격했을 땐 두려움에 떨며 병원으로 직행했지만, 택시와 병원냄새와 대기시간이 고양이에게 더 큰 공포임을 이제 안다. 나는 곁에서 눈을 맞추고 열심히 마사지를 해준다. 그렇게 우리 둘 사이의 시간을 빼앗기지 않는 편을 택한다.

본가에서 들려오는 소식은 난이도가 더 높다. 엄마는

• 김지연, 《조금 망한 사랑》 중 〈포기〉, 문학동네

오랜 세월 자가면역질환으로 통증에 시달려왔고, 해가 갈수록 몸을 공격하는 질병의 수도 늘고 있는 상황이었다. 모든 걸 내려놓고 싶어 하는 엄마의 심정을, 엄마를 닮은 내가 모를 수가 없었다. 40년 넘게 통증에 지배된 삶을 살았는데 저 정도로 버티고 계신 것만 해도 대단하다고 생각한다. 그러다보니 내 입은 더 무거워진다. 힘낼 수 없는 엄마에게 힘내자고, 이 산만 넘어보자고 용기를 드릴 수 없으니까. 무력감에 압도되지 않으려 아무렇지 않은 듯 일상적인 대화를 건넬 뿐이다.

나를 동요시키는 소식이 도착한 밤이면 '평범한 삶'에 대해 생각한다. 우리가 꿈꾸는 평범한 삶이란 도대체 어떤 것일까. 집이 있고, 차가 있고, 가족과 애인이 있는 삶? 그 평범함을 누군가는 지겨워하고, 누군가는 간절히 원한다. 엄마는 통증이 없는 평범한 삶을 오래도록 소망했으리라. 나 역시 가족이 무탈하고, 경제적으로 안정된 삶을 바라왔다. 그러고 보면 평범한 삶은 참으로 평범하지 않았다.

격주 토요일 밤의 라디오에서 내 마음을 건드린 텍스트를 골라 읽어주고 있다. 그 시간이 되면 잊지 않고 들어와 귀를 기울이는 분들이 있고, 나는 자신과 그들을 위해 정성스레 고른 문장을 낭독한다. 지난주엔 일본 텐트 마을에서 홈리스로 살다 세상을 떠난 고야마 씨 이야기를 했다.(여성주의저널 〈일다〉의 기사 참고 https://n.news.naver.com/article/007/0000007508) 여성 홈리스는 세상에서 가장 소외된 존재이자 보이지 않는 존재다. 그녀의 일기엔 허기와 추위와 주변의 폭력에 시달리면서도 자기 존재를 지키기 위해 분투하던 한 사람이 들어 있었다. 그녀는 노트에 이렇게 쓰고 있다.

"다시 새로운 즐거움을 찾자. 5월 어린잎과 함께 무엇인가 새로운 이미지가 피어날 수 있도록, 미묘한 4월을 그럭저럭 지내자. 25살 때부터 읽고 쓰는 일에 뜻을 두고, 현재 이런 환경 속에서 약 2개월에 6권의 노트를 쓸 수 있었으니 충분하다. (…) 오늘도 쓸 수 있었다, 걸을 수 있었다…. 예쁜 풍경을 보고, 아름다운 음악도 들을 수 있었다."

집도 가족도 없는 고야마 씨의 삶은 평범하지 않았다. 모두가 동정 어린 시선을 보내는 입장에 있었지만 고야마 씨는 자기 존재를 그 무엇보다 소중히 여겼다. 비닐에 싸인 수북한 노트가 이를 증명해주었다. 그녀는 세상이 규정하는 '그러므로'(너는 집도 없고 곁에 아무도 없으니 불행한 삶이다)를 물리치고, '그리고'의 삶을 지향했다. 집도 절도 없고, 먹을 것도 생필품도 없는 삶 그리고 계속되는 하루하루….

2003년 2월 9일
느긋하게 산책을 가려고 약간의 음식과 음료를 긴마의 텐트로 옮기고, 물을 길으러 가는 도중, 까마귀 한 마리, 나무 위 하늘을 보고 있다. 동그란 간장 전병 하나가 떨어졌다. 확 입에 물고는 기쁜 듯이 날아갔다. 위를 보아도 사람이 아무도 없고, 새의 모습도 보이지 않는다. 신기한 장면을 처음 봤다. _ 고야마 씨의 일기에서

'그럼에도 불구하고' 이겨내자는 말을 주변에서 많이 들었다. 나 역시 누군가를 격려하기 위해 그런 말을 하고 다녔던 것 같다. 하지만 발은 진창에 빠진 채로 무거운 짐에 짓눌린 사람에게 그럴 힘이 있을까. 당신이 '그럼에도 불구하고' 상황을 이겨낼 힘이 없다면 '그리고' 하나만 붙잡기로 하자. 예기치 못한 불운이 찾아오고, 바라던 삶은 계속 유예될지 모른다. 그래도 걷고, 쓰고, 하늘을 바라보던 고야마 씨처럼 일상의 행위를 하나씩 해나간다. 그러다 보면 어느 평범한 사람이 어느 하루를 잘 살아내는 일이 일어난다. 그건 결코 평범하지 않다.

바보 같은 순간이 필요해

 까마득히 잊고 지낸 일이 떠올라 슬며시 미소 지을 때가 있다. 어느 시절의 바보 같은 일들이 퐁 하고 고개를 들이미는 순간, 그 사소한 무해함이 나를 구원한다. 우습지 않은가, 애면글면 매달리던 일이나 타인의 인정은 지나고 나면 기억도 나지 않는데. 지금의 나라면 하지 않았을 무모한 일들은 한밤중에 이불킥을 하게 할지언정 세월이 흘러도 묘한 해방감을 주다니.

 스물한 살의 나는 대담했다. 디종역에서 9시 기차를 타고 파리에 올라가 그 사람의 집에 찾아갔었다. 페르라셰즈 묘지를 걸을 때 내리쬐던 햇빛과 그날의 공기와 기차 시간이 다가올수록 서늘해지던 기분을 기억한다. 기차역 벤치에 앉아 그의 눈을 바라보며 꺼낸 말, 떨리는 내 목소리를 타고 흐르던 흥분. '사랑에 빠진 나'에 도취되었던 그 시절의 무모함도.

그런데 얼마 전 기다렸던 영화 〈패스트 라이브즈〉를 보러 간 날 내내 씁쓸한 기분에 시달렸다. 해성은 노라를 만나러 뉴욕으로 날아왔고, 두 사람은 서로가 기억하는 상대의 어린 시절로부터 아주 멀리 와 있음을 받아들인다. 무모한 고백러였던 나는 최소한 영화 속 해성을 이해하리라 생각했건만 그렇지 않았다. 아, 거기 내가 이미 떠나보낸 내가 있었다. 쭈뼛거리는 해성의 얼굴을 하고서.

최근 누군가를 만나면서도 비슷한 생각을 했다. 이 사람은 과거의 내가 했던 고민을 하고 있구나. 혼자 한 생각이니 들키지 않을 줄 알았는데 아닌 모양이었다. "당신은 너무 어른 같아요." 그는 그 말을 남기고 사라졌다.

난 우리가 같은 페이지를 읽고 있다고 생각했는데.(이

건 거짓말.)

　솔직히 몇 페이지든 앞으로 넘겨 그와 같은 페이지를 읽으려고 했는데.

　주변을 돌아보니 다들 야무지게 자기 인생을 살고 있었다. 사막 한복판에 나만 홀로 무방비하게 주저앉아 있고, 낙타를 탄 사람들은 뒤도 돌아보지 않고 목적지를 향해 가는 중이다. 누군가 내게 물어본다. 왜 낙타를 마련하지 않았어? 어쩔 셈이지, 이제 곧 어두워질 텐데. 때맞춰 모래바람이 불어오고, 입안에 모래가 씹힌다. 어느 순간 내 앞엔 아무도 없다. 서점에 앉아 있을 때면 불쑥 두려워지는 순간이 찾아온다. 어떤 안전망도 없는 삶인 걸 나는 알고 있으니까. 친구들은 집을 사는데, 나는 얼마 전부터 당근에 올라온 월세집을 알아보러 다녀. 당신이 생각하는 것처럼 나는 아직 어른이 아니고, 비 오는 겨울날 에버랜드에서 몇 시간씩 기다리면서 낄낄거리는 사람이란 말이지. 하지만 그럼에도 불구하고 나에겐 바보 같은 순간이 필요하다. 사막에 숨어 있는 이상한 신호들을 발견하고, 쓸데없는 몽

상에 빠져 있는 그런 시간이. 사위는 조용하고, 밤의 사막(밤의서점)에 앉아 나는 또 무모한 일을 상상하는 중이다, 오늘도.

38만 원이 없어서

갈색 롱코트 차림의 내가 어느 불 꺼진 상가를 걷고 있다. 주변을 한참 두리번거리던 나는 어느 건물의 좁은 틈새에서 사람이 겨우 들어갈 만한 화장실을 발견한다. 코트 자락을 말아 올려 쥔 채로 좁고 더러운 그곳으로 낑낑대며 들어갔다. 그 코트는 내가 아끼는 옷인데 이물질이 묻을까봐 신경이 쓰인다. 그런데 이상하네, 저 옷은 이십 대에 자주 입은 것인데. 화장실을 빠져나온 뒤에야 나는 눈을 뜬다.

누군가에겐 돈이 떨어지는 시점이, 누군가에겐 회사에서 들은 냉정한 평가 한마디가, 누군가에겐 자신을 거절하는 듯한 작은 몸짓이 트리거가 된다. 자신감이 떨어지고, 스스로에게 화살을 돌리기 시작하는 것이다. 저런 꿈을 꾼 걸 보면 공사비용이 예상을 크게 초과할 거라는 한마디가 불안을 자극한 모양이다. 지금은 스스로에 대한 확신을 갖고 일을 벌여야 하는 시점인데, 그러기엔 내가 가진 게 너무 없다.(있는 건 마이너스 잔고밖에.) 나 자신에게 집중했다간 굴을 파고 들어가기 딱 십상이다.

가까운 친구와의 대화는 종종 심리분석으로 흐른다. 며칠 전, 산책 중에 S는 내가 '과하지 않은'이라는 단어를 자주 쓴다고 알려주었다. 나는 화들짝 놀랐다. 내가 어떤 작품을 좋아하는 이유를 말할 때 담백하고 절제된 표현에 매료된다고 한 걸 기억했나보다. 이동진 평론가가 '그럼에도 불구하고'를 자주 쓰는 것처럼 그냥 말버릇으로 넘길 수도 있다. 그런데 타인이 포착한 나의 어떤 지점이 재미있어서 좀 더 들어가보고 싶었다.

어린 시절, 아버지의 무리한 사업 확장으로 어머니는 늘 조마조마한 심정으로 지내셨다. 결국 어머니의 걱정은 현실이 되고 말았고, 나는 적금은 들되 주식투자나 대출을 멀리하는 사람으로 자랐다. 서점을 7년 넘게 하다니 의외로 '도전과 모험'을 즐기는 타입인가봐요. 주변에서 이런 말을 할 때면 손사래를 치기 바빴다. '그냥 철이 없는 거예요. 책을 좋아하니까.'라고 답하며 '과하지 않은' 인간임을 증명하려고 애썼다. 넘치는 열정에 이끌려 주변을 힘들게 하는 사람은 되고 싶지 않았다. '과하지 않은'이라는 말은 나의 방어기제가 된 걸지도 모른다.

여기까지는 나 자신에게 집중한 무난한 해석이다.

신앙은 사람마다 다른 의미를 띠겠지만, 내가 믿는 신은 내 방어기제를 지속적으로 부수는 분이다. 어제 감사주일 예배를 드리던 중 문득 연희동으로 오게 된 이유가 생각났다. 10년간의 회사 생활을 그만두고 전업 번역가가 되었는데, 퇴직금이 떨어지자 오피스텔 월세가 부담스러워지는 시점이 왔다. 그때 월세가 38만 원이었다.

그러다 1년간 외국에 나가 있는 어느 부부의 연희동 집을 관리하며 지낼 수 있다는 말을 듣고 가진 짐을 거의 처분한 뒤 서울로 왔다. 원래 살던 일산의 호수공원이 너무 좋았기 때문에 속으로 울면서 이사를 준비했다. 연희동이 얼마나 아름다운 동네인지, 밤의서점과 내가 살게 된 집의 연결고리를 깨닫고 소름이 돋을 정도로 놀란 건 꽤 오랜 시간이 흐른 뒤였다.

어제 기도하다가 그 시절이 떠올랐다.
그러네, 그때 38만 원이 없었네.
그런데 이곳으로 와서
서점을 열겠다는 꿈을 꾸게 하셨네, 하나님이.

망각의 동물인 나는 과거에 내가 뭔가 가졌던 것처럼 착각하고 있었다.
아무것도 없었는데. 진짜 아무것도 없었는데.
그러니까 지금 아무것도 없는 게 새삼스러운 상황이 아닌 거다.

당황스러운 건, 그때 연희동 한적한 골목에 서점을 열

게 하셨다면 이번에 서점 손님을 통해 연결해주신 장소는 버스정류장 앞의 두 배가 넘는 크기의 공간이라는 점이다. 물론 이 장소에 이르기 전까지 내 방어기제가 손 놓고 있었을 리 없다. 7년간 서점을 하며 깨달은 현실, 가난한 내 상황과 떨어진 체력, 넓은 공간의 임대료 부담, 서점을 하지 않고 본가에 내려가 사는 옵션 등등. '과하지 않은' 삶을 지향하는 나를 부지런히도 설득해댔다.

그런데 결국 이 자리에 왔다. 나의 방어기제가 분주하게 상황에 맞는 선택들을 늘어놓고 있을 때, 나의 신은 조용히 이렇게 속삭였다.

"그곳(새로운 서점)에서 많은 사람들이 아름다운 꿈을 꾸게 만들 거란다. 내가."

신앙이 없는 사람들에게 이 말이 어떻게 들릴지 모르겠다. 하지만 기도 중에 나는 모든 변명을 내려놓을 수밖에 없다. 난 이게 부족해요. 난 이걸 할 줄 모릅니다. 내가 이렇게 말할 때마다 거기서 '나'를 빼라고 하신다. 그분이 하실 거라고.

어제 설교 중에 나온 〈하박국〉의 말씀은 정확히 나를 향해 있다. 38만 원이 부담스러웠던 그때도 지금도 나에겐 아무것도 없다. 아무것도 없는 나에게 집중하면 나는 '과하지 않은' 삶에 매일 수밖에 없지만, 그분은 오늘도 나의 방어기제를 무너뜨린다. 그리고 어떤 것들은 기꺼이 부수어도 된다.

17. 비록 무화과나무가 무성하지 못하며 포도나무에 열매가 없으며 감람나무에 소출이 없으며 밭에 먹을 것이 없으며 우리에 양이 없으며 외양간에 소가 없을지라도
18. 나는 여호와로 말미암아 즐거워하며 나의 구원의 하나님으로 말미암아 기뻐하리로다
19. 주 여호와는 나의 힘이시라 나의 발을 사슴과 같게 하사 나를 나의 높은 곳으로 다니게 하시리로다 이 노래는 지휘하는 사람을 위하여 내 수금에 맞춘 것이니라•

• 《성경》, 하박국 3:17-19(개역개정판)

에필로그

아무리 나이를 먹어도 방황을 멈출 줄 모르는 자신에게 놀라는 중이다. 아마 평생 그러리라 생각되지만. 회색 바람 속을 헤매는 듯한 텁텁한 기분이나 내 안의 불안정한 기운들은 소설이라는 형식에 담으면 자못 존재감을 자랑했다. 글을 쓰는 동안, 오히려 나 자신에 대한 생각은 옅어지고 타인의 자리에 설 수 있어 즐거웠다. 평생 도움 되는 사람이어야 한다는 강박에 시달렸는데, 이 글들은 무언가의 쓸모를 생각하지 않고 그냥 좋아서 썼다. 잔뜩 긴장한 몸을 욕조에 누이듯 그렇게 써내려간 글이니, 당신도 그렇게 읽어주시길.

사랑하는 부모님과 든든한 지원군인 남동생, 더 큰 꿈

을 바라보라며 하나님이 붙여주신 친구 폭풍의점장, 서로의 삶을 오래오래 지켜봐준 변함없는 벗 재실과 지현, 부끄러운 모습도 내보일 수 있는 편안한 친구 은영, 동네 구석구석의 아름다움을 알려준 산책 친구 손미, 글쓰기 수업 '마음의 진보'에서 만난 다정한 문우들, 자신의 이름을 건 책을 출간한다는 것이 실감 나지 않았던 순간, 기꺼이 추천글을 써주신 이병률 작가님, 그리고 여기에 이름을 언급하지 못한 많은 분들에게 깊은 사랑을 보냅니다.

2025년 2월

김미정

추천의 말

《비포 선라이즈 게임》에 등장하는 사람들은 저마다 제자리에 있지만 곧 자기 자리를 잃을 것처럼 스스로를 연민한다. 그럼에도 기다리고 기다린다. 무엇을 기다리는지 모르는 척할 뿐 절대적인 것들의 힘을 믿는다.

《비포 선라이즈 게임》은 너무 고독해서 곧 사라져버릴 것 같은 존재들의 '고독 게임'이다. 그 존재들은 힘의 수치가 낮으며 무게를 재려 해도 사람의 무게가 나오지 않는다. 굳이 이름을 붙인다면 단편영화 속 '배우인 척 사는 타인'이라 해야 할 것이다. 타인들은 도시의 쓸쓸함을 수액처럼 맞고 산다.

눈을 뜨면 가장 하고 싶은 일, 나로 존재하지 않는 일. 존재를 그만둘 용기가 있다면 그만두는 일. 주인공들이 모두 나 같아 멈칫하면서 몇 번이고 흠칫했다.

이 한 권의 이야기들 속에서 작가가 의도적으로 희망을 배제했다면 종말 직전의 이야기들로 다시 읽어보면 어떨까. 이 지독한 도시, 그 쓸쓸함의 종말… 그렇다면 이 책 한 권에 풍기는 도시의 쓸쓸함은 삶의 신비함으로 쌓아올려져 돌아봐질 것이다. 그날이 온다면 준비해야 할 것은 '우리'라는 희망일까. '우리'라는 빈칸일까.

도시인으로서 최소한의 품위를 지녀야 한다면 나는 이 책을 읽는 일로 그 품위를 갖추려고 한다.

_ 이병률(시인. 여행작가)

나는 어쩌다 보니 책을 읽고 추천하는 직업을 가지게 된 사람인데 나를 그렇게 만든 사람의 첫 책을 기쁜 맘으로 추천한다. 그 사람은 잔잔한 겉모습 아래 눈부신 보석들을 숨기고 있다. 나는 오랫동안 그 빛을 봐왔다. 내 친구 미정, 다정하고 단정한 사람. 그의 글 또한 그러하다. 여기 실린 대부분의 글들의 첫 독자가 나였을 것이다. 그 이야기들은 나를 미소 짓게 하고 울리기도 했다. 처음부터 좋았고 또 봐도 좋은 이 글들을 함께 읽을 사람이 생길 것이기에 무척 기쁘다.

_ 남지영(밤의서점 폭풍의점장)

이야기들이 자꾸 어디론가 데리고 가서 가만가만 따라가다 보니 원래 있던 자리로 돌아왔는데 그 자리에는 떠나기 전의 내가 있어서 둘이 한동안 이야기를 나눴다. 잘 지내고 있다고 해서 믿기로 했다.

_ 손미(〈박하경 여행기〉 작가)

미정이는 중학생 시절 내 첫사랑이었다. 지극히 평범해 보이는 그가 30년 넘도록 내게 긴장감을 주는 이유가 궁금했다. 이 책을 읽고 깨닫는다. 내가 그에게 빠져 지금껏 헤어 나올 수 없는 이유를. 측량할 수 없는 사유의 깊이, 예견되지 않는 자유로움의 끝, 차분하게 휘몰아치는 상상력, 도전적인 솔직함, 나란히 걷고 싶게 만드는 포근한 날카로움…, 그의 글은 그가 가진 특별한 매력의 현시다. 내 첫사랑이 《비포선라이즈 게임》을 통해 만인의 첫사랑이 되는 걸 즐겁게 허락한다.

_ 김재실(편집자)

비포 선라이즈 게임

© 김미정 2025

1판 1쇄 2025년 2월 22일

지은이 김미정
펴낸이 김미정 남지영
디자인 김은영

펴낸곳 밤의서점
출판등록 제2018-000084호
주소 서울특별시 서대문구 성산로 567-8 일층 밤의서점
전자우편 librairie.de.nuit@gmail.com
인스타그램 @librairie_de_nuit
X(트위터) @librairie_nuit

ISBN 979-11-980232-1-6 (03810)

이 책의 일부 또는 전부를 재사용하려면 반드시 저작권자와 밤의서점 양측의 동의를 얻어야 합니다. 파본은 구입처에서 교환해드립니다.